온라인 플랫폼 마케팅

하루에 1시간 일하고 월 1,000만 원 버는 신개념 수익 창출 모델
온라인 플랫폼 마케팅

초판 1쇄 발행 2018년 12월 5일
초판 2쇄 발행 2019년 1월 15일

지은이 신승철

발행인 백유미 조영석
발행처 (주)라온아시아
주소 서울시 서초구 효령로 34길 4, 프린스효령빌딩 5F

등록 2016년 7월 5일 제 2016-000141호
전화 070-7600-8230 **팩스** 070-4754-2473

값 16,000원
ISBN 979-11-89089-52-8 (13320)

이 도서의 국립중앙도서관 출판시도서목록(CIP)은 서지정보유통지원시스템 홈페이지(http://seoi.nl.go.kr)와 국가자료공동목록시스템(http://www.nl.go.kr/kolisnet)에서 이용하실 수 있습니다.
(CIP제어번호 : CIP2018037796)

하루에 1시간 일하고 월 1,000만 원 버는 신개념 수익 창출 모델

온라인 플랫폼 마케팅

신승철 지음

Online Platform Marketing

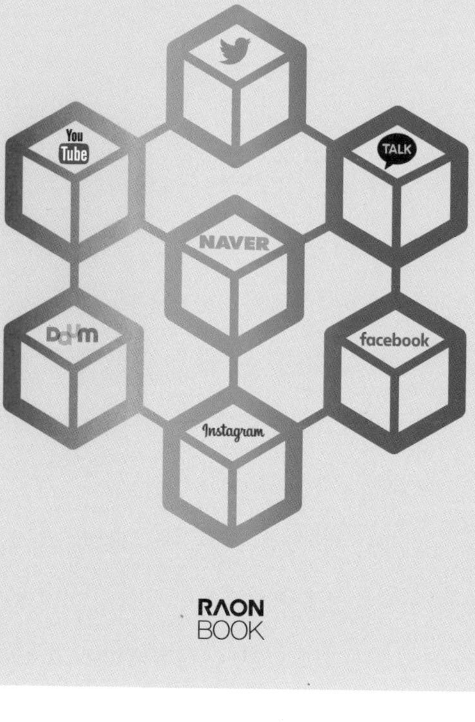

RAON BOOK

온라인 플랫폼,
여름날 음식물 쓰레기통 같던
내 인생을 바꿨다!

당신은 혹시 돈 버는 것에 관심이 있는가? 성공에 관심이 있는가? 지금의 상황보다 나아지는 것에 관심이 있는가? 당신이 이 책을 집어 들었기 때문에 묻는 말이다. 이 책 속에는 당신이 궁금해하는 바로 그 내용이 들어 있다. 당신이 서울역에서 부산으로 가는 KTX를 탔다면, 당신은 부산에 갈 수 있다. 마찬가지로 당신이 이 책을 집어들었다면, 현실에서 성공으로 가는 KTX를 탄 것이니, 당신은 성공할 수 있다.

나는 온라인 플랫폼을 통해 하루 1시간 일하고 월 1,000만 원 이상의 소득을 벌고 있다. 더 이상 출퇴근하지 않고, 누구의 지시도 받지 않는다. 스트레스성 위궤양도 사라졌다. 나머지 남는 시간에는 책을 읽고, 다른 분야에서 새로운 시도를 끊임없이 하고 있다. 이런 생활이 누군가에게는 꿈같은 일이고, 누군가에게는 콧방귀감도 되지 않는다. 한 달에 1,000만 원의 수십 배에서 수백 배 이상을 버는 사람들은 셀 수 없이 많기 때문이다. 이 책에는 세계 최고의 부자가 되는 방법은 들어 있지 않다. 그러나 개인이 1인 사업가가 되어 월 소득 1,000만 원 이상을 벌 수 있는 내용 정도는 들어 있다. 어찌 됐든 나는 과거와는 비교도 할 수 없는 시간적 자유를 얻었다.

성공의 기준은 각자 정하기 나름이다. 혹시 현실과 성공 사이의 간극을 메우기 위해서 무엇을 해야 할지 도통 모르기 때문에 자신이 지금까지 성공하지 못했다고 생각하는가? 그럼 이 간극을 메우는 방법을 알려주면 그대로 따라 할 의지는 있는가? 그렇다면 이 책을 잘 집어 든 것이다. 실천만 하면 되니까. 이 책은 자신이 좋아하고 자신 있는 일을 하면서 시간에 구애받지 않으면서 소득 창출이 가능한 방법을 제시한다. 일단 초기 자본이 들지 않는다. 영원한 블루오션 사업이기도 하다.

이 책은 총 6장으로 구성했다. 1장에서는 왜 온라인 플랫폼에 눈을 떠야 하는지 설명했다. 2장에서는 온라인 플랫폼 사업가가 되기 위한 10가지 마음가짐을 설명했다. 3장에서는 온라인 플랫폼을 구축하기 전에 반드시 고려할 9가지 사항을 다루었다. 4장은 개인이 기업과 같은 고소득을 누릴 수 있는 온라인 플랫폼을 어떻게 구축해야 하는지 다루었다. 5장은 개인이 온라인 플랫폼의 실무 전문가가 되는 데 반드시 필요한 사항들을 다루었다. 6장에서는 진정 잘나가는 대한민국 상위 0.1퍼센트 온라인 플랫폼 1인 사업가로 우뚝 서기 위해 경쟁자와 어떤 점에서 차별성이 있어야 하는지를 명확하게 제시했다.

사업의 성패는 노하우보다 사업가 자신에 달려 있다. 무엇보다 당신은 자신의 능력을 믿는 긍정적인 사람이어야 한다. 그래야 성공할 수 있다. 나는 중학생까지 공부를 전혀 하지 않았다. 중학교 1학년 성적은 50명 중 40등 후반이었다. 중학교 2학년 1학기 중간고사를 봤고 역시나 꼴찌에 가까운 점수가 나왔다. '이번에는 또 몇 대를 맞아야 하나'(당시에는 시험 성적이 좋지 않다는 이유로 종아리나 허벅지를 수십 대 맞아야 했다) 하고 마음의 준비를 하고 있었는데, 담임선생님은 내게 매를 드는 대신 "너도 잘할 수 있단다"라며 머리를 쓰다듬어주었다. 1학기 기말고사에서 나는 국사만큼은 반에서 5등을 했다(담임의 담당 과목이 국사였다). 그때 처음으로 '나도 남들처럼 할 수 있구나'라는 긍정의 힘을 실감했다. 나는 '공부 못하는 학생'에서 '서울에 있는 4년제 명문대생'이 되었다.

아무리 뛰어난 사람도 모든 일에 성공하지 못한다. 일이든 인간관계든 조금의 실수도 없이 잘하려고 하는 마음이 시도를 망설이게 하고, 성공을 더디게 한다. 모든 것에 잘하려고 하는 것은 새로운 것에 대한 시도를 많이 해보지 않았다는 증거이기도 하다. 가장 빠른 길은 그냥 저지르는 것이다. 망설이는 시간에 그냥 하는 것이다. 나중에 완벽해지고 지금은 시작하는 것이 망설이는 사람이 할 일이다.

열 가지 중 서너 가지만 성공해도 대단한 것임에도 불구하고 부정적인 사람은 열 가지 중 아홉 가지를 잘하고도 단 한 가지의 실패에 좌절한다. 모든 일을 성과 위주가 아니라 과정이라고 생각하는 습관이 필요하다. 장사의 목적은 돈을 버는 것이고 비즈니스의 목표는 문제 해결에 있다. 돈이 안 되면 포기하는 이유는 자신이 비즈니스를 하는 것이 아니라, 장사를 하고 있기 때문이다. 문제가 발생했을 때 해결하는 것이 비즈니스다. 문제를 해결하면 저절로 고소득이 된다. 동네 구멍가게를 운영해도 장사를 하는 사람이 있고, 비즈니스를 하는 사람이 있다.

성공과 실패는 전부 과정에 불과하다. 좋은 비즈니스는 많은 과정을 통해서만 가능하다. 일을 아무리 잘해도 중간에 포기하면 성과는 제로다. 성공이든 실패든 그 자체로 과정이며, 이 과정들이 모여서 좋은 비즈니스를 만드는 토양이 된다. 즉 유능한 사람이 성공하는 것이 아니라, 꾸준히 많은 과정을 밟아간 사람만이 성공한다.

이 책을 읽는 서너 시간 동안 당신이 실패하지 않는 사업과 성장할 수 있는 기회를 얻게 되기를 간절히 희망한다. 그리고 온라인 사업을 준비하는 사람과 이미 온라인 사업을 하는 사람 그리고 실패 없이 스스로 문제를 해결하는 온라인 플랫폼 전문가가 되고 싶은 사람에게 도움이 되면 좋겠다.

마지막으로 《온라인 플랫폼 마케팅》이 출간되기까지 물심양면으로 도와준 라온북의 조영석 소장님, 백유미 대표님, 김옥경 부장님에게 진심으로 감사의 말씀을 드린다. 아낌없는 사랑과 지원을 해준 양가 부모님 그리고 내 반쪽인 아내와 동우에게 이 책을 바친다.

신승철

차례

2장

플랫폼 창업자가 갖추어야 할 10가지 마음가짐

3장

플랫폼 창업에 필요한 핵심 키워드

4장

수익을 창출하는 플랫폼 구축

5장 플랫폼 마케팅 전략

6장 잘나가는 플랫폼의 성공 비밀

1장

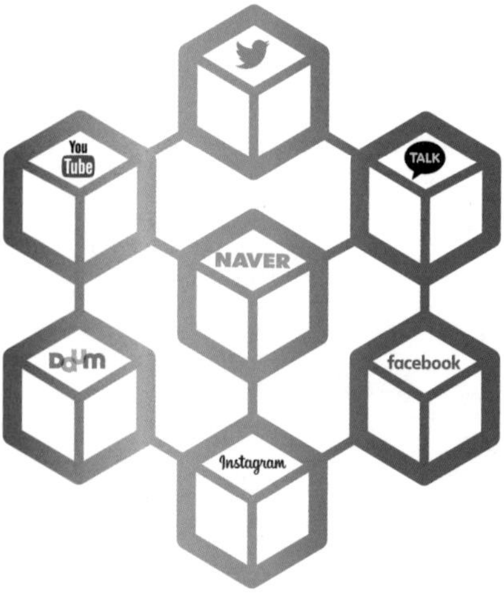

새로운
수익 창출 모델,
플랫폼 마케팅

재미있게 일하고 수익을 내야 '좋은' 직업이다

부모님 농장에서 포도 농사 10년, 한식당 밥 배달, 떡볶이 노점상, 가구공장 나무 나르는 알바, 컴퓨터 조립 및 판매, 편의점 알바, 주유소 알바, 길거리 전단지 알바, 중2~고3 영어수학 과외, 공사현장 잡부, 점포 인테리어 공사, 고등학교 친구 소개로 잠시 발을 들였던 다단계(3,000만 원 이상의 손해와 초중고등학교 친구들과의 의절), 기흥 소재 삼성전자 하청업체 용접공, 보험영업, 식당 체인점 3곳 개설 후 실패, 대리운전, 중소건설사 현장소장, 부동산 공인중개사, 토목기사, 대학교 교직원, 항공사 직원, 온라인 오픈마켓 판매, 온라인 블로그, 온라인 카페 운영자 등 나는 직업군을 넘나들며 다양한 경험을 했다. 여러 가지 일을 해 보았는데 결론적으로는 나와 맞지 않아 전부 그만두었다.

“저 사람은 우리 직원이 아니에요”

여러 직업을 거치며 칭찬과 격려로 힘이 나기도 했고, 반대로 질책과 비난을 들으며 좌절하기도 했다. 그런데 무슨 일을 하든 내가 속한 그곳에서 최선을 다했다.

직장인으로 살면서 가장 가슴이 찢어졌던 말이 있다. 개인사업이 망하고 어떻게든 살고자 비정규직으로 입사한 회사에서 들었던 말이다. 나는 오래 다닐 마음은 없었지만, 비정규직, 정규직 따지지 않고 몇 달간 한 사무실에서 함께 부대끼며 열심히 일했다. 당시 직원 중에는 무려 10년 가까이 비정규직으로 일해온 사람도 있었다.

비정규직은 크게 일자리 중개 회사에 소속되어 다른 회사로 파견되는 파견직, 회사에 직접 고용되지만 계약 기간 동안만 일하는 계약직(이 계약직에도 종류가 많다)으로 나눌 수 있다. 근로법상 파견직과 계약직은 2년까지 가능하다. 파견직 2년과 계약직 2년을 번갈아가면서 4년 단위로 이어가면 한 회사에서 수년간 비정규직으로 있을 수 있다. 가령 8년을 일했다고 하면 처음 119만 원 받는 비정규직에서 130만 원 받는 비정규직이 된다. 반면 정규직이라면 8년간 200만 원 받는 사원에서 400만 원 받는 과장이 된다.

직함과 급여보다 더 심각한 문제가 있다. “여기 아니면 갈 곳 없다”는 생각이다. 10년 가까이 비정규직으로 있던 동료는 재계약을 하지 못하자 마흔 살의 나이에 비정규직 이력서를 써야 했다.

당시 나는 30대 중반에 비정규직으로 입사했지만 사회 경험이 풍부했기 때문에 늘 업무 중심에 서서 능동적으로 일했다. 비슷한 시기에 입사한 신입사원은 나보다 10년 어렸는데 나름 나를 선배로 대우해주었고 상사도 내게 살갑게 대해주었다. 그러던 중 회사에 중요한 손님이 내방했다. 마침 행사 준비로 분주하던 내 모습을 본 손님이 "처음 보는 인물인데 이번에 새로 들어왔나요?"라고 물었고 상사는 무심한 투로 이렇게 말했다.

"저 사람은 우리 직원이 아니에요."

한 1~2초간 세상이 멈춘 듯했다. 사무실 안에 있던 모두가 들었지만 나는 못 들은 척하고 행사 준비를 계속했다. 하지만 머릿속은 복잡했고 가슴이 찢어지듯 아팠다. 그날 밤 뜬눈으로 지새우며 사업에 망하고 비정규직으로 일하고 있는 내 처지를 비관했다. '너희 정규직보다 스펙은 내가 더 좋다'라며 소리라도 지르고 싶었다.

비정규직과 정규직의 문제는 어제오늘 일이 아니다. 비정규직이라는 제도의 문제일까? 천편일률적으로 사람을 뽑는 방식이 문제 아닐까? 사실 선발 전형에 합격하면 정규직이 된다. 당장 먹고살려면 비정규직으로라도 일을 해야 한다. 거창한 이야기를 하려는 것은 아니다. 남들 다 가니까 아무 생각 없이 따라가는 것은 아닌지 한 번쯤 생각해보자는 말이다. 어느새 사회 시스템에 익숙해져서 다른 길을 택하는 것을 도전이 아닌 낙오라고 여기고 있지는 않은지 돌이켜보자.

내 삶의 주인공이 되고 싶었다

내가 정식으로 입사했던 회사는 겉모습과 실상이 너무 달랐다. 업무량이 많아서 철야하고 주말에도 출근하는 것은 괜찮았다. 남들도

다 하는 데다 오히려 다른 사람보다 잘하자고 마음먹은 터였다. 그런데 회사는 내가 인간이 아닌 부속품이 되길 바랐다. 매일 야근하고 주말에 출근하는 것은 당연하니 군소리 말고 일만 하란다. 난 싫었다. 할 말은 하면서 주체적으로 일하고 싶었다.

현실은 이상과 달랐다. 회의는 있지만 논의는 없었다. 내가 의견을 내면 상사가 아니라 동료들이 날선 눈으로 쳐다보았다. 그러다 보니 나도 모르게 '이 말을 하면 남들이 싫어하겠지?' '이 말을 하면 사람들이 좋아하겠지?'라는 식으로 스스로 할 말을 검열하게 됐다. 내가 좋아하지도 않고 존경하지도 않는 이들의 마음을 일일이 헤아리면서까지 회사를 계속 다녀야 한다니 구역질이 났다. 아무리 사랑하는 관계라도 말 한마디로 오만 정이 떨어지는 게 인간인데, 나는 회사에서 그런 말을 일상적으로 들었다. 그래도 웃으면서 그들에게 나를 맞췄다.

톡톡 튀고 웃음과 장난기가 많았던 나는 재미없고 매력 없는 부속품으로 변해갔다. 효율을 추구하고 생산성 있는 직원이 되려면 당연한 수순이었다. 타인에게 내 감정을 맞추니 내 몸의 주인은 나라고 할 수 없었다.

기억해야 할 것은 자꾸 잊어버리면서 비열하고 나쁜 것은 빨리 학습하는 게 인간인 모양이다. 나도 모르게 가족과 주변의 소중한 사람들이 내 생각에 맞춰주기를 바라며 강요하고 있었다. 내가 가장 혐오하던 행동을 닮아가고 있었던 것이다.

"먹고살려면 복종하고 순둥이로 살아야 한다. 너만 그런 게 아니라 다 그렇게 산다"라는 논리로 회사의 '부속품 강요'는 정당화된다. 먹고

사는 문제는 섬뜩하리만치 중요하다. 먹고살려고 죽어라 공부해서 쟁취했을 자리였을 텐데 놓아버리는 일도 있다. 2015년 일본에서는 와세다대학을 나와 유명 광고회사에 들어간 26세 신입사원 여성이 크리스마스에 과도한 업무량을 비관해 자살했다. 삶과 죽음의 갈림길에 내몰릴 정도라면 다 무슨 소용이란 말인가. 회사 시스템에 갇혀 살면 과연 안정되고 행복할지 회의감이 들었다.

나는 빌어먹는 한이 있어도 시간적 자유와 경제적 독립을 이룰 수 있는 일을 찾기로 결심했다. 실제로 '재미있게 잘할 수 있는 내 일'을 찾았고 하루하루 성장하며 내 인생의 주인공이 되어 살고 있다.

인생의 터닝포인트를 만나다

회사를 나온 후 선배의 권유로 보험영업에 발을 들였고 반년쯤 지났을 때였다. 보험사 인재개발원이 주최한 1박 2일 캠프에 참여하게 되었는데, 이 행사의 하이라이트였던 저녁 강연은 내 인생의 터닝포인트가 되었다.

그날 강연의 강사는 185센티미터가량의 훤칠한 키에 나와 비슷한 연배의 남자였는데 연수익 10억 원을 벌고 있다는 말로 강의를 시작했다. 그는 단 한 장의 대본이나 PPT도 없이 장장 4시간을 쉬지 않고 열강했다. 그의 열정과 화술로 채워진 강의에 나는 단 1초도 눈을 떼지 못했다.

그의 10억 원대 연봉이 너무 부러웠다. 부모님 생각도 났다. '저 강사는 살면서 남에게 듣기 싫은 소리 따위 들을 리 없을 테지? 이 강의가 끝나면 최소 벤츠 에스클래스는 타고 퇴근할 게 분명해!' 얼뜨기들이 잔뜩 앉아 있던 공간에 그 강사는 신과 같은 존재였다. 자기 직원들도 전부 억대 연봉을 받고 있다는 사실에 할 말을 잃었다. 그 말이 진실이든 과장이든 내 안에서 '저 강사와 같은 삶을 살고 싶다'며 욕망이 꿈틀댔다.

내 삶의 목표는 '무슨 일을 하든 타인의 발뒤꿈치나 보면서 주눅들어 살지 말고 돈 많이 벌면서 남 신경쓰지 않고 내 일을 하는 것'이다. 이를 위해 '좋은 직업'을 찾아 전전했던 것이다. 강의를 듣기 전에는 나를 욕하거나 괴롭히지 않는 직업을 좋은 직업이라고 생각했다. 사실 그런 친절한 직업은 없는데 말이다.

대학교 교직원 생활을 할 때 대학교 시간강사의 급여를 듣고 깜짝 놀란 적이 있다. 학생과 교직원들에게 '교수님'이라고 불리지만 그들의 급여는 한 학기 과목당 약 50만 원에 불과했다. 한두 과목 가르쳐서는 월 100만 원도 받기 힘들다. 기업체 대상으로 출강하는 강사 중에는 1시간 강의하고 4,000만 원 받는 사람도 있다. '강의'라는 일의 성격은 동등해도 소득과 투입되는 시간은 하늘과 땅 차이였다.

무엇이 됐든 현재 자신이 하는 일을 '좋은 직업'으로 만들라는 것이 내가 전하고 싶은 메시지다. '좋은 직업'을 정리하자면 월 500만~1,000만 원 이상의 소득을 내는 직업, 남 눈치보지 않고 마음껏 실패하며 성장할 수 있는 직업, 죽을 때까지 할 수 있는 직업, 남의 발전과 개선을 도울 수 있는 보람된 직업이다. 좋은 직업의 조건은 이외에도 많겠지만 이 중 한 가지만 가능해도 언젠가 당신이 관둬야 할 회사보다 낫다.

나는 현재 자본 한 푼 들이지 않고 하루 1시간 일하고 월 1,000만 원 이상 벌고 있다. 쓸데없는 사람들과 부딪힐 필요도 없고 어디에 얽매어 있지도 않기 때문에 스트레스 받을 일도 적다.

나는 온라인 커뮤니티 플랫폼으로 사업한다. 나처럼 '좋은 직업'을 찾는 사람, 새로운 일에 도전하고 싶은 사람이라면 온라인 플랫폼에 관심을 가져보라고 제안하고 싶다. 지금도 많은 사람이 돈 안 드는 온라인 사업에 뛰어들고 있다. 그 틈에서 살아남기란 쉽지 않을 것이다. 하지만 명확한 목표와 굳건한 도전정신만 있다면 문제없다. 기술적인 문제에 대해서는 이 책이 확실한 길잡이가 되어줄 것이라고 자신한다.

100세 시대, 평생 수입원이 필요하다

'먹고살려면' 돈을 벌어야 한다. 일하지 않아도 될 만큼 부유하거나 저절로 발생하는 수익원이 없다면 말이다. 매월 수익이 나야 평범한 일상을 보낼 수 있다. 당장 100만 원이 필요한데 호주머니에 돈 몇 만 원이 전부일 때의 막막함은 느껴본 사람만 알 것이다.

직업은 돈을 버는 수단이다. 일이 좋든 싫든 관둘 수 없다. 일하는 것을 재미있어 하는 별종은 많지 않다. 아파도 100세까지 사는 유병장수 시대다. 정부 정책에서는 노인을 만 65세 이상으로 보고 각종 지원을 하고 있다.

65세 이상을 노인으로 본다고는 하지만, 20대 젊은이보다 의욕적으로 삶을 사는 노인도 적지 않다. 은퇴 이후 새로운 인생을 계획하기도 한다. 60세에 현역에서 은퇴한다면 평균 수명대로 산다고 가정했을 때 40년이 남는다. 은퇴 이후 직장에 소속되어 일할 수 있을까? 노인 취업률이 증가하는 추세라고는 하지만 60대 구직자를 선호하는 회사는 드물 것이다. 한창 일할 때의 생활 수준으로 남은 40년을 보내려면 어떻게 해야 할까?

'보통'과 다른 삶

나는 플랫폼 사업가다. 하루 종일 일에 매달려 있지 않으며 성장을 위한 도전을 두려워하지 않는다. 실패는 활활 타오르는 불길을 일으키는 땔감이라고 생각한다. 비록 당장은 실패할지라도 언젠가는 활활 타오르는 불길처럼 성공할 것이라는 마음으로 도전한다.

나는 온라인 커뮤니티에 글을 쓰고 책을 집필하며 강의하는 것이 직업이다. 하루 1시간을 투자해 온라인 커뮤니티에 2~3개의 글을 쓴다. 그것도 주말에는 글을 쓰지 않는다. 주 5일 글을 쓰고 월 1~2회 강의를 한다. 나머지 시간은 가족과 보내거나 책을 읽거나 강의를 들으면서 새로운 시도를 하는 데 사용한다.

1시간만 일하고 남은 시간이 전부 여유 시간이라고 하니 얼토당토않게 들릴 수 있다. 그런데 이것이 가능한 이유는 내가 일반적인 사람과 직업에 대한 관점이 다르기 때문이다. 관점이 다르면 같은 직업이라도 시간을 다르게 활용할 수 있다.

나도 회사원으로 근무했을 때에는 아침 6시에 일어나서 헐레벌떡 출근했고 끝나지 않은 업무로 머릿속이 복잡한 채로 퇴근했다. 하루, 일주일, 한 달을 쳇바퀴 돌듯 보냈다. 누군가 내 모습을 보았다면 항상 바쁘게 무언가를 이루어가는 것처럼 보였으리라.

하지만 지금 돌이켜보면 그렇게 보낸 시간은 내 성장을 위해서라기보다는 조직의 이익을 위해 바쳐진 것이다. 과중한 업무를 견디는 인내심을 기르던 시간, 조직 내 인간관계에서 튀지 않도록 거짓 웃음을 짓던 시간, 상사의 지시에 군소리 없이 복종하는 시간이었다. 사회성이라는 미명하에 나의 성장을 뒤로한 채 조직을 우선하는 나날이었다.

직장생활이 무조건 나쁘다는 이야기는 아니다. 직장에 헌신하고 회사의 발전을 위해 평생을 바친 이들의 직업 정신은 존중받아 마땅하다. 그러나 거기까지다. 경영자가 아닌 이상 '회사 발전=나의 발전'이라는 공식은 절대 성립할 수 없다.

내가 업무를 잘해내는 건 당연한 것이고, 내가 실수한 업무는 당연하지 않다고 보는 것이 회사다. 내게 면박만 주던 상사도 잘못한 일이 있으면 마찬가지로 더 높은 지위의 상사에게 욕먹는다. 직급이 높은 상사나 평사원인 나나 어차피 65세까지 다니기 힘들다. 효율성, 생산성은 회사가 돌아가는 원동력이다. 생명력이 다한 직원을 회사가 책임져줄 리 만무하다. 생각이 다르면 헤어지는 게 서로에게 예의다. 나는 회사생활을 그만두었다.

평생 수익원, 플랫폼

내가 이야기하는 직업은 돈 버는 도구을 넘어서는 개념이다. 1인 기업가는 직업을 통해 성장하고 직업과 함께 늙어간다. '내가 하려는 일이 앞으로 90살까지 할 수 있는 일인가?'라는 질문은 그래서 중요하다. 일벌레로 평생 살라는 말이 아니다. 당신이 90살까지 할 수 있는 일이라면 그 일을 통해 당신은 성장할 수 있다. 65살 즈음 은퇴시점이 와도 그동안의 경력이 쓸모없어지지 않는다. 온라인 플랫폼은 100세 시대 평생 수익원을 보장한다.

플랫폼으로
무자본 창업이 가능하다

나는 주로 온라인으로 사업하고 오프라인으로는 강의를 한다. 오프라인보다는 온라인 활동의 비중이 높다. 온라인 사업은 비용이 거의 들지 않는다. 글을 쓸 수 있는 컴퓨터만 있으면 전기세, 참고 도서 구입 비용 정도만 든다. 온라인 사업은 글로 시작해서 글로 끝난다. 사람을 직접 대면할 일 없이 내가 쓴 글이 곧 나를 대표하게 된다.

수십만 명에게 내 글을 노출시킬 수 있다면

온라인은 오프라인과는 비교할 수 없을 정도로 정보 확산이 가능하다. 그것도 무료로 말이다. 사업에 성공하려면 일단 많은 사람에게 내 사업이 노출되어야 한다. 아무리 형편없는 사업 아이템이라도 1만 명 이상에게 보여주면 10명에게 보여주었을 때보다 확실히 승산이 있다.

하루 종일 길을 돌아다니며 최대한 많은 사람을 만나보라고 한다면 과연 몇 명을 만날 수 있을까? 스포츠 경기장이나 명동, 강남역과 같이 번화한 곳을 걷는다면 수천 명에서 수만 명을 만나는 것이 불가능하진 않을 것이다. 그러나 만난 사람마다 당신이 하는 일을 자세히 설명해줄 수 있을까?

예를 들어 당신이 인기 마스크 팩 판매자라고 해보자. 길거리에서 만난 몇 명에게 마스크 팩에 대해 설명해주고 과연 몇 개나 팔 수 있을까? 유동인구가 많은 곳에 오프라인 매장을 연다면 고객 응대는 원활해질지 몰라도 수천만 원에서 1억 원 넘는 보증금과 수백만 원에서 1,000만 원 넘는 월세를 지불해야 한다. 그런 상황에서 마스크 팩의 인기라도 떨어지면 매월 발생되는 고정비용(월세, 인건비, 사입비 등)이 시시각각 당신의 목을 조를 것이다. 요식업이든 의류업이든 오프라인 매장은 모두 마찬가지일 것이다.

온라인 사업은 투자비용 없이도 하루에 수만 명에서 수십만 명 이상에게 내 글을 노출시킬 수 있다. 그런데 왜 아직도 사람들은 돈이 많이 드는 오프라인 사업에 뛰어드는 것일까?

플랫폼은 사람과 사람이 만나는 곳

일반적으로 50~60대가 은퇴자금 혹은 여유자금으로 창업을 고려한다. 그런데 디지털 환경에 익숙한 10~40대에 비해서 50~60대는 온라인 친화도가 떨어진다. 카카오톡 정도는 능숙히 사용해도 '사업을 온라인에서 한다'는 생각은 쉽게 하지 못한다. 구상하는 사업 자체도 온라인과는 맞지 않을 수 있다. 여러 가지 이유로 온라인 사업을 기피한다. 또 온라인 사업이라고 하면 '돈이 들지 않지만 돈 벌기도 어렵다'라고 생각하기 쉽다. 하지만 온라인 플랫폼에 대해 알고 나면 블루오션이라는 데 동의할 것이다.

일단 온라인으로 사업하려면 온라인 채널에 글을 써야 한다. 온라인 무료 채널은 크게 다음카카오, 네이버, 구글, SNS 등이 있다. 또 SNS에는 페이스북, 인스타그램, 카카오톡, 트위터, 라인 등이 있다. 포털사이트 다음과 네이버에는 블로그와 카페가 있다. 전부 글을 쓸 수 있는 플랫폼이다. 플랫폼은 사람과 사람이 만나는 곳이다. 사업적 플랫폼에서는 판매자와 소비자가 만난다.

온라인 플랫폼에 글을 쓰면 적게는 몇 명에서 많게는 100만 명 이상이 읽는다. 중요한 것은 '글 1개'를 본 사람의 숫자가 이렇다는 것이다. 글은 여건에 따라 하루에 얼마든지 쓸 수 있다. 온라인 글쓰기를 통해 무엇이든지 보여줄 수 있다.

이를테면 삼겹살은 어느 식당이 맛있다든지, 나이키 운동화는 어느 매장에 종류가 많다든지, 당신이 판매하는 마스크 팩을 사용하면 일주일 만에 피부가 얼마나 개선되는지 등 어떤 글이든 집에 편히 앉아서 쓰고 싶은 시간에 써서 올리면 많은 사람에게 노출된다.

나는 1시간 일하고 월 1,000만 원 번다

앞에서도 다루었지만 플랫폼은 초기 창업비용과 매달 고정비용이 발생하지 않는다. 설령 발생되어도 몇 만 원에서 몇 십만 원 정도로 극히 미미하다. 온라인 사업에 대해 "돈이 들지 않지만 벌기도 어렵다"라는 말을 자주 듣는다. 1인 사업가는 투자비용뿐 아니라 소득 여부도 고려하지 않을 수 없다. 애초에 경제적 자유를 위해 선택한 삶일 테니까 말이다.

단순히 돈만 많이 벌려고 한다면 아마추어다. 돈만 보고 사업에 뛰어들면 자신의 이익만 추구해 내 아이템을 구매하는 상대방은 정작 보지 못하게 된다. 그래서 자신이 좋아하는 말과 행동만 하게 된다. 그런데 돈은 내 지갑에서 나오는 게 아니라 상대방에게서 나온다. 내가 돈을 벌기 위해서는 상대방을 만족시켜야 한다. 당연한 이치이자 가장 달성하기 어려운 과제다.

사업은 시스템을 만드는 것이다

우선 소득 발생 시스템을 이해해야 한다. 모든 일에는 정교하든 그렇지 않든 저마다 시스템이 있다. 회사원이 정해진 시간에 출근하고 주어진 일을 수행하고 퇴근하는 것도 시스템에 따른 것이다. 요리사가 하루 사용할 식재료와 주류를 체크하고 점심 장사와 저녁 장사 후 가게문을 닫는 것도 시스템을 따른 것이다.

나 또한 하루를 시스템대로 보내고 있다. 매일 온라인으로 글을 기고하고 한 달에 한두 번 강의한다. 일하는 데 투입되는 시간은 평균 하루 1시간 수준이다. 나머지 시간은 성장을 위해 여행하고 책을 읽고 강의를 듣고 새로운 시도를 한다. 그러면서 글감도 찾고 미래의 먹거리도 찾는다. 이것이 내 일의 시스템이다. 이 시스템으로 발생한 소득은 전부 내 몫이다.

시간이 지나면서 나는 성장할 테고 내가 기고하는 글과 강의도 덩달아 업그레이드되어 더 많은 사람을 성공으로 이끌어줄 것이다. 하지만 내가 시스템대로 움직이지 않으면 소득은 발생하지 않을 것이다.

내 시스템상 내가 실제로 일하는 시간은 획기적으로 적다. 반면 성장을 위한 시간은 하루 4~5시간이다. 이는 어디까지나 내 시스템이다. 사람마다 자신의 성장에 투자하는 시간은 달라질 수 있다. 일하는 데 투입되는 시간은 적지만 나 없이는 돌아가지 않는 시스템이다.

플랫폼 사업이 지향하는 목표

대표적인 온라인 플랫폼 시스템으로는 블로그, 카페, SNS, 오픈마켓이 있다. 블로그는 운영자가 글을 쓰지 않으면 소용없다. 카페는 운영자가 거의 없어도 되는 구조다. 특수한 경우를 제외하고 99퍼센트의 카페는 회원들이 글을 쓰기 때문이다. 사람과 사람이 소통하는 커뮤니티이니 당연하다. 안정 단계에 있고 계속 성장하는 카페는 운영자가 없어도 문제가 없다. 카페 운영진이 있다면 그들이 운영자 대신 회원들과 소통하며 관리하고, 운영자는 높은 곳에서 전체를 관망한다.

연예인, 정치인, 기업인 등 유명인이나 팔로워가 많은 사람의 페이스북, 인스타그램, 유튜브 채널은 대중으로부터 엄청난 관심을 받는다. 그들이 올리는 말 한마디의 파급력도 상당하다. SNS 스타가 어떤 음료수를 먹고 "되게 맛없다"라고 짧게 적어 올려도 매출과 주가가 폭락할 수 있다. 반대의 경우도 마찬가지다. 자신의 생각이나 제품을 클릭 몇 번으로 지구 반대편에 사는 사람에게 전달할 수 있다. SNS 영향력은 소득과 밀접한 관계가 있다.

마지막은 온라인 오픈마켓이다. 11번가, 지마켓, 네이버 스마트스토어, 카카오톡 스토어 등이 오픈마켓에 해당된다. 이 역시 판매자와 소비자의 만남으로 커뮤니티다. 다만 살 거면 사고 말 거면 마는 다소 황량한 커뮤니티다. 판매자가 없으면 그 온라인 채널은 죽은 것과 같다.

간단히 온라인 채널을 살펴봤다. 무궁무진한 성장 가능성을 가진 온라인 채널을 활용해 자리를 지키지 않아도 저절로 소득이 발생되는 시스템을 구축하는 것이야말로 플랫폼 사업이 지향하는 목표다.

시간 관리 기술이 필요하다

사람들은 정해진 시간, 정해진 장소에서 일하는 것에 대한 고정관념이 있는 듯하다. 어떻게 일하느냐에 따라 다를 뿐인데 말이다. 정해진 대로 딱딱 일하지 않는 사람은 왠지 별 볼일 없고 누가 불러주지도 않는 백수 취급한다. 소득이 적고 비루하게 살 것이라고 생각한다. 나도 그런 오해를 자주 받는다.

임신한 아내가 산부인과에 갈 때마다 항상 동행했다. 진료가 끝나고 다음번 병원 진료예약 날짜를 선택할 때 평일이든 주말이든 오전이든 오후든 언제든 가능하다고 말했더니 병원 직원이 힐끔 내 얼굴을 쳐다봤다. 지금 시간이면 백수를 제외하곤 모두 일할 시간인 데다 내 행색을 보면 누가 봐도 사업하는 사람과도 거리가 멀다. 기분 나쁘지는 않다. 어쨌든 나는 시간 활용을 남들과 다르게 한 덕분에 가족을 언제든 돌볼 수 있다.

나는 하루 1시간 일하지만 그렇다고 내키는 대로 아무렇게나 일하는 것은 아니다. 기존 체계와 다르게 필요할 때 일할 뿐이다. 이상하게 볼 것도, 이상하게 생각할 일도 전혀 아니다.

어느 정도 소득이 발생될 때까지는 누구보다 열심히 노력해야 하지만 소득을 걱정하는 단계를 넘어서면 그 뒤부터는 좀 다르게 살아도 괜찮을 것 같다. 다만 시간을 잘 관리해야 한다.

사업은 씨앗을 뿌리는 작업이다. 어느 순간 과거에 뿌렸던 씨앗들이 빵빵 터져서 나에게 꿈같은 소득으로 안긴다. 그런 점에서 사업가가 하는 모든 행동은 자신의 사업에 영향을 준다는 사실을 잊지 말아야 한다. 나는 성장을 위해 하루 3~4시간 이상 책을 읽고 좋은 강의를 듣지만 일이 아니기 때문에 재미있다.

일하는 시간을 최소화하고 내가 필요할 때 일하려면 사업밖에 없다. 직장인처럼 시간과 장소의 구속이 있다면 불가능하다. 그렇다고 직장 다니지 말라는 이야기는 아니다. 개개인은 각자 원하는 인생, 추구하는 미래가 모두 다르다. 나는 나의 인생을 선택한 것뿐이다.

2장

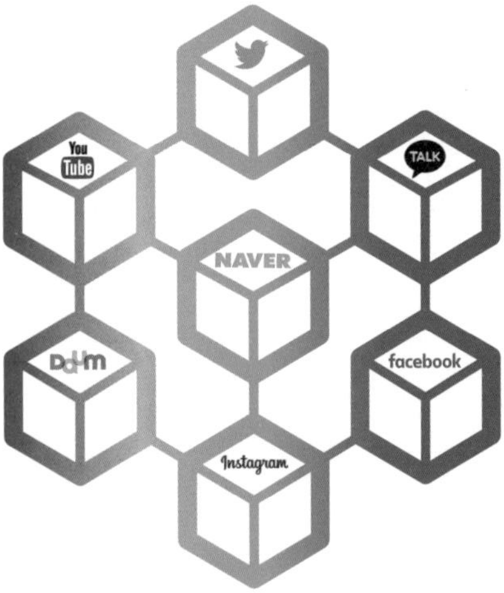

플랫폼 창업자가 갖추어야 할 10가지 마음가짐

실패할수록 전문성이 생긴다

정서가 불안한 아이가 공부를 잘하는 경우는 드물다. 사업가도 마찬가지다. 불안하고 우울한 사람이 '일과 인간관계'가 핵심인 사업에서 성공하기는 어렵다. 무조건 긍정적이어야 한다는 말이 아니다. 무엇이든 '과정'이라 여기는 자세를 권하고 싶다. 성공과 실패도 그저 과정일 뿐이다. 누구나 살면서 크고 작은 성공과 실패를 경험한다. 성공은 무언가의 시작을, 실패는 무언가의 끝을 의미하기도 한다. 그러나 사실 무언가의 시작이나 끝은 없다. 우린 언제나 과정을 살고 있으며, 관 뚜껑이 닫히기 전까지 우리는 그저 살 뿐이다.

성공한 사람들은 저마다 스토리가 있다. 슬럼프를 극복하는 방법부터 대중이 궁금해하는 '성공 노하우'까지 갖고 있다. 전 세계의 성공한 사람들을 서적을 통해 만날 수 있는데, 저마다 성공 스토리도 다르고 노하우도 다르다. 결국 자신에게 맞는 성공 전략이 있는 셈이다.

대단한 성공을 이룬 사람들은 망해도 금세 다시 일어설 것 같지만, 쉽사리 '오늘은 울고 내일은 일어나리라'는 마음을 갖기는 어렵다. 사람은 기계가 아니기 때문이다. 실패한 스스로에 대한 실망도 있겠지만 가족에 대한 미안함, 타인의 시선 때문에 당분간은 살아도 산 게 아니리라.

비용이 들지 않는 실패는 득이 된다

나는 세 번의 실패 경험이 있다. 요식업 체인점 실패 후 수억 원대의 손해를 입고 1평 남짓 고시원에 들어갔고 굶어 죽을 수는 없기에 당장 수입이 들어오는 대리운전을 했다. 하루도 쉬지 않고 오후 5시부터 다음 날 새벽 6시까지 뛰면서 마음을 다잡고 다시 일어섰다. 이를 악물고 '주머니에 돈 몇 천 원밖에 없어서 비참해지는 그런 실패 따위 다시는 하지 않으리라'고 다짐했건만 이후로도 두 차례 더 실패했다. 다시 주머니에 돈 한 푼 없이 비렁뱅이가 되었을 때의 자책감은 상상을 초월했다. 그 뒤로 다시는 사업을 하지 않을 것처럼 위장하고 다녔다.

하지만 지금도 새로운 일을 계속 시도하고 시행착오를 겪고 있다. 다만 더 이상 위험한 일을 도모하지 않을 뿐이다. 사업의 실패는 상황에 따라 극단적인 선택으로 이어질 만큼 위험도가 크다. 그래서 나는 돈이 안 들면서 폭발적 소득은 가능한 온라인 커뮤니티 사업을 한다. 내가 강조하고 싶은 말은 혹여 실패하더라도 인생이 끝나지 않는 실패를 하라는 것이다.

하고 싶었던 일이라도 경험이 없다면 시행착오가 발생하는 게 당연하다. 다만 안정기에 접어들기까지는 실패를 하더라도 손실이 적어야 한다. 시행착오와 실패를 겪어보아야 전문성을 키우고 성장할 수 있다. 그러다 보면 훌쩍 도약하는 지점을 만나게 된다. 플랫폼 사업은 도약 지점이 극적으로 빨리 찾아온다. 만약 실패가 고통이 되는 일을 하고 있다면 방향성이 잘못된 것이다.

시도하는 과정에서 노하우를 얻는다

과정에서 벌어지는 모든 일은, 이를테면 자신이 효과적으로 해낸 것이든 자신의 부주의로 인해 발생된 문제든 모두 자신의 노하우가 된다. 실패마저 시스템을 구축하는 재료가 되어 점차 사업이 궤도에 올라 점점 실패하기 힘들어지는 탄탄한 구조가 된다.

이제 오래 일하는 노동집약적 산업은 끝났다. 공사현장에서 막일을 하든 회사에서 일하든 정해진 대가 이상은 받지 못한다. 누구보다 일을 열심히 한다고 해서 성공이 보장되지 않는다. 이젠 1시간 일해도 1,000만 원 벌 수 있다. 내 노력과 투입된 시간이 회사나 타인에게 흘러나가지 않고 전부 나에게 집중되어 쌓이기 때문이다.

올바른 방향으로 성장해나갈 수 있는 직업이라면 투자한 시간과 노력의 '제곱'이 되는 소득을 안겨줄 것이다. 큰 수익이 가능한 분야에서 효율적으로 일하는 것이 '잘하는' 것이다. 타인과 회사가 아닌 내게 있어 기여가 되는 일을 '잘해야' 한다.

수강생 중 한 명인 '한걸음씩'(카페닉네임) 님은 네이버 '구매영업인'

카페를 만들어 운영하고 있다. 6개월도 안 되어 회원 수 4,000명 이상의 중급 규모 카페로 성장시켰다. 구매영업 분야에서 근무한 경력을 살려서 여러 사업자가 카페와 밴드 등 다양한 온라인 채널을 통해 만날 수 있도록 플랫폼을 구축한 것이다.

카페를 키우는 작업이 원만하지는 않았다. 초반에 카페 회원을 모집하는 단계에서 시행착오를 겪어 속도가 나지 않았다. 보통은 카페 회원 수가 늘지 않으면 한두 달 고민하다 포기한다. 카페 회원 수가 늘지 않는 문제를 해결하려면 '콘텐츠 배포'와 '회원 유입시의 디테일'이 핵심이다. 이 문제를 잘 해결하자 더 많은 회원을 유치할 수 있었다. 결과적으로 회원 수를 늘리지 못했던 문제는 한걸음씩 님에게 있어 성공을 방해하는 걸림돌이 아니라 성공으로 가는 지름길이 되었다.

수강생 중 한 명인 '로맨스가필요해'(카페닉네임) 님도 아이템 선정으로 문제를 겪었지만 이 문제를 해결하고 나니 불과 20일 만에 온라인 판매만으로 520만 원이 넘는 순소득을 올렸고 지금은 연매출 11억 원이 넘는 법인사업자가 되었다.

겉으로 드러난 문제는 내 발목을 잡는 요망한 것이 아니라 '그것만 해결하면' 성장과 소득이라는 선물을 주는 시그널이다. 그게 문제의 본질이고 본모습이다. 참고로 회원 수를 늘리는 요령은 이 책의 4장에서 다룰 예정이다.

내 사업을 할 때 지켜야 할 기본이 있다

모든 일에 원칙이 있듯 돈 버는 것에도 원칙이 있다. 특히 사업적 측면에서 돈 버는 원칙 네 가지는 당신의 소득을 지배한다. 돈을 벌려면 무언가 판매해야 한다. 유형의 제품이든 무형의 서비스든 팔아야 돈을 번다. 당신이 소비자 가격 5만 원인 남성용 반지갑 판매자라고 가정하자. 5만 원짜리 남성용 반지갑 1개를 팔면 마진(이익)은 1만 원이다. 당신은 월 1,000만 원 수익이라는 비즈니스 목표를 세웠다. 그럼 반지갑 1,000개 이상을 팔면 비즈니스 목표를 달성하게 된다. 소득 목표를 달성하는 구조의 기본이다.

원칙 1_당신의 아이템을 구매해줄 사람의 숫자를 생각할 것

소득 목표 1,000만 원을 달성하려면 구매자 1,000명이 필요하다.

1명이 2개를 사기도 한다. 하지만 똑같은 지갑을 2개 사서 쓰는 사람은 거의 없다. 누군가에게 선물하거나 되팔기 위해 1개 이상을 구매한다고 보는 게 맞다.

1,000명의 구매자를 찾는 방법은 크게 세 가지다. 길거리에서 고객을 찾는 방법, 오프라인에 지갑 매장을 개설해서 방문한 고객에게 판매하는 방법, 온라인으로 글을 써서 판매하는 방법이다.

첫 번째 길거리에서 판매하는 것은 신뢰도의 문제가 있다. 정품이라도 짝퉁이라는 의심을 받을 수 있고 세법상 길거리에서 판매하는 것은 세무서와 정상적으로 세금 납부하며 장사하는 판매자들에게 분노의 대상이 될 수 있다. 두 번째 오프라인 매장을 개설하여 판매하는 방법은 개인에게 큰돈이 든다. 세 번째 온라인 사업은 글로 시작해서 글로 끝난다. 돈 들이지 않고 1,000명의 구매자를 찾을 수 있다. 아니 10만 명, 100만 명도 가능하다. 이 숫자가 '당신의 아이템을 구매해줄 사람의 숫자'다. 이 숫자가 10인 사람과 10만인 사람의 소득은 말하지 않아도 뻔하다. 단순 계산만 해도 마진 1만 원짜리 제품을 1만 명에게 판매한다면 당신의 소득은 1억 원이다.

원칙2_구매를 원하는 모든 사람에게 판매 가능할 것

다시 반지갑 판매자로 돌아와서, 당신이 판매하는 제품을 구매해줄 사람이 10만 명이라는 행복한 상황을 가정해보자. 자고 일어났더니 반지갑 주문량이 10만 개다. 재고가 1만 개라면 주문량 10만 개를 소화할 수 없다. 일반적으로 오프마켓 판매는 위탁판매 형태다. 재고를 1개도 보유하지 않고 온라인에 판매 글만 올려서 주문받고 이 주문 정보를 제조업체 또는 유통업체에 넘겨주고 물품대금도 입금한다. 그럼 이 업체에서 최종 소비자에게 물건을 배송하는 방식이다. 당신은 서둘러 위탁 업체에 전화해서 반지갑 재고 10만 개가 있는지 확인해야 한다. 만약 1,000개밖에 없다면 당신 사업은 제동이 걸린다. 10만 개의 주문량이 기쁨이 아니라 공포가 된다.

판매하는 제품에는 반지갑처럼 유형인 제품도 있고, 강의처럼 무형인 서비스도 있다. 강의실에서 진행하는 강의를 온라인으로도 제공한다면 전 세계 70억 명이 볼 수 있다. 1명이 듣는 강의는 폐강될 것이고 1만 명이 듣는 강의는 강사를 연봉 10억 원 이상으로 만들어줄 것이다.

내가 남을 돕거나 개선시킬 수 있는 크고 작은 재능이나 노하우가 있다면 온라인으로 당당하게 제공하면 된다. 1만 명에게 1만 원을 받으면 월 소득은 1억 원이다. 이러한 소득 체계는 연봉이 정해져 있는 직장인은 불가능하다. 소득의 제한이 없는 직업이어야 나로부터 발생된 모든 소득이 오롯이 내게로 온다.

원칙3_사람들이 좋아하는 콘텐츠를 보유할 것

사람들이 좋아하는 콘텐츠(글, 영상, 말, 당신 자체 등)는 곧 돈을 의미한다. 사람들에게 재미와 이익 그리고 감동을 주는 콘텐츠를 잘 떠먹여주면 된다. 당신이 온라인에 쓴 글을 보고 사람들이 재미있게 읽었더라도, 읽은 사람에게 실익이 없다면 돈으로 연결되지 않는다.

당신이 반지갑 판매 글을 11번가에 올린다고 하자. '지갑이 악어가죽이고 머스크 향이 난다'와 같이 제품의 특징만 나열하면 글이 재미없다. 이를 알기 때문에 판매자들은 비싼 카메라를 구입하고 멋들어진 스튜디오 공간을 구축하거나 대여하여 예쁜 상세 페이지를 만드는데 비용과 노력을 투입한다. 같은 제품이라도 예쁘고 독창적인 판매 상세페이지에 사람들은 매력을 느낀다. 포장만 달리해도 판매량이 달라진다. 여기에 다른 반지갑은 5만 원인데 4만 8천 원에 판매하면 더 효과적이리라.

사실 중요한 것은 판매 이후다. 실제 제품을 받아본 구매자는 '자신의 기대에 못 미침' '자신의 기대에 딱 맞음' '감동 받음'의 세 가지 감정을 느낀다. 구매를 지배하는 것은 이성과 논리가 아니라 감정이다. 제품 특징을 아무리 상세하게 나열해도 사람은 감동받지 않는다. 제품 구매 전에는 소비자가 갑이다. 제품 구매 후 소비자는 판매자에게 소홀하게 취급받는 을이 된다. 사기 전까지만 대접받는다. 그런데 이를 깨는 판매자는 소비자에게 감동을 준다.

심지어 기대에 미치지 못하는 제품을 받아서 불만을 토해내는 소비자라도 판매자가 진심 어린 응대와 함께 보다 나은 서비스를 약속하면 소비자는 감동한다. 기대 이상의 좋은 제품으로 감동을 주어도 좋지만 의도치 않게 불만을 안긴 상황이라고 해서 스트레스 받을 일이 아니다. 왜 이런 일이 생겼는지 상황 을 탓하는 게 아니라 전화위복의 계기로 만들어내는 것도 판매자의 역량이다.

남들과 차별되는 획기적 콘텐츠는 없더라도 얼마든지 소비자의 감정을 잘 어루만져서 좋은 콘텐츠를 만들어낼 수 있다. 좋은 서비스도 좋은 콘텐츠이기 때문이다. 콘텐츠는 내가 판매하는 아이템뿐 아니라 당신 자신도 콘텐츠에 포함된다. 그리고 당신 자신이 가장 강력한 콘텐츠다.

원칙4_선택받는 판매자가 될 것

판매자인 당신은 세상에 단 하나밖에 없는 존재다. 당신이 제품 판매 말고 '토익 강의'라는 서비스를 판매한다고 가정해보자. 전 세계에 토익 강사가 몇 명 정도 될까? 정확한 통계는 모르지만 대한민국만 해도 수요에 비해 엄청나게 공급 과잉 상태인 건 누구나 아는 사실이다. 강사가 1만 명이라도 강의 내용은 크게 다르지 않을 것이다. 가르치는 사람이 다른 것이다. 같은 내용도 어떤 강사는 너무 재미있고 어떤 강사는 목소리만 들어도 하품이 난다. 수강생이 재미있어 하면 수강생의 토익 점수는 올라간다. 수강생이 재미없어 하면 강사는 강의로 먹고살 수 없다. 재미있기만 하고 성적이 오르지 않는다면 실익이 없는 것이다. 유머 가득한 강의와 족집게 강의 중 당신은 어느 강의를 선택할 것인가? 어느 강의에 재미를 느낄 것인가? 족집게 강의가 유머러스한 강의보다 100만 배 재미있다.

재미에는 두 가지 성질이 있다. 공통적인 성질과 제한적인 성질이다. 유머러스한 것은 모두 좋아하지만 그건 목적에 부합할 때의 이야기다. 임원이 참석한 무거운 회의 시간에 분위기를 전환하겠다고 유머를 날리면 당신 목도 날아갈 수 있다. 수강생들이 토익 학원에 다니는 것은 토익 실력 향상에 있다. 이 목적에 딱 들어맞는 것이 족집게 강의다. 수강생들은 하나라도 놓칠세라 긴장하고 듣는다. 긴장은 곧 재미다.

결론적으로 당신에게 능력이 있어야 사람들의 선택을 받는다. 선택받는 콘텐츠가 좋은 콘텐츠다. 아무리 좋다고 여겨지는 콘텐츠라도 사람들에게 외면당한다면 결코 좋은 콘텐츠가 아니다. 좋은 콘텐츠는 하루아침에 생기지 않는다. 당신이 한 분야에서 꾸준히 성장하며 굳건히 그 분야에 머물고 있어야 사람들에게 선택받는 좋은 콘텐츠를 만들 수 있다.

나는 1인 사업가! 타인의 시선에 당당해져라

당당하고 싶은가? 그렇다면 실력을 키워라. 공부하라. 그리고 소득을 월 1,000만 원 이상으로 높여라. 그럼 당당해진다. 당장 소득 개선이 필요하다면 변화하면 된다.

월 소득 개선을 위한 단계별 전략

월 소득을 개선하려면 먼저 자신의 소득을 정확히 알아야 달성 가능성을 알 수 있다. 월 소득 목표는 1,000만 원인데 현재 월 소득이 200만~300만 원 이라면 문제다. 현재 상황을 인지하는 것이 1단계다. 2단계는 소득 개선이 가능한 직업인지 체크하는 단계다. 자신의 직업이 더 이상의 소득 개선 여지가 없다면, 향후에도 월 소득 1,000만 원 달성이 불가능할 것이다.

3단계는 앞으로 소득을 개선하기 위해 당신이 가지고 있는 계획과 행동이 있는지 확인하는 단계다. 플랫폼 프로젝트는 단순히 소득만 개선하는 것이 아닌 삶의 행복도 추구한다. 자신이 정말 욕망하는 일을 통해 월 소득 1,000만 원을 벌 수 있는지 다시 확인해봐야 한다. 이것이 4단계다. 문제점을 파악했다면 5단계에서는 이를 해결하기 위해 온라인 플랫폼이라는 도구를 잘 활용해야 한다. 도구의 성공적인 활용을 통해 그간 없었던 성공의 경험을 얻고 성장하면 된다.

이상으로 월 1,000만 원이라는 소득 목표를 달성하기 위해 자신의 현재 소득과 직업이 도움이 되는지, 목표를 달성하기 위해 자신은 어

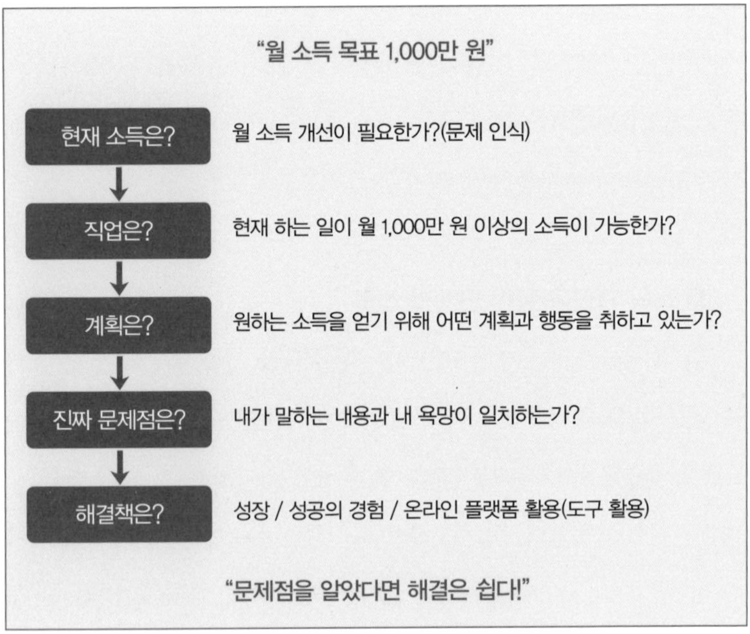

월 소득 개선을 위한 단계별 전략

떤 계획과 행동을 가지고 있는지, 어떤 식으로 인생의 행복을 추구하고 싶은지 확인했다. 해결책은 온라인 플랫폼을 통한 성장이다. 그럼 여기서 말하는 성장은 대체 무엇인가?

'바라던 나'로 성장하다

현재의 나는 실천을 통해 개선할 수 있다. 자신이 하고 싶은 일을 통해 고소득을 창출하고 성장한다. 지속적이고 안정적인 소득이 확보되면, 그동안 자신감이 없어서 하지 못했던 새로운 시도에 도전할 마음이 생긴다. 이런 선순환은 '현재의 나'에서 '바라던 나'로 변화를 일으킨다. 성장을 통해 스스로 변화할 수 있는 힘을 갖게 된다. 이것이 성장의 힘이다.

성장은 '무지의 인정' '지식과 경험 축적' '새로운 힘 획득'의 세 가지 단계로 구분할 수 있다. 1단계는 '무지의 인정 단계'다. 유연하지 못한 사고방식은 지식이나 경험의 부재를 의미한다. 많이 알수록 점차 나아진다고 믿고 현재의 무지함을 인정하면 성장이 시작된다.

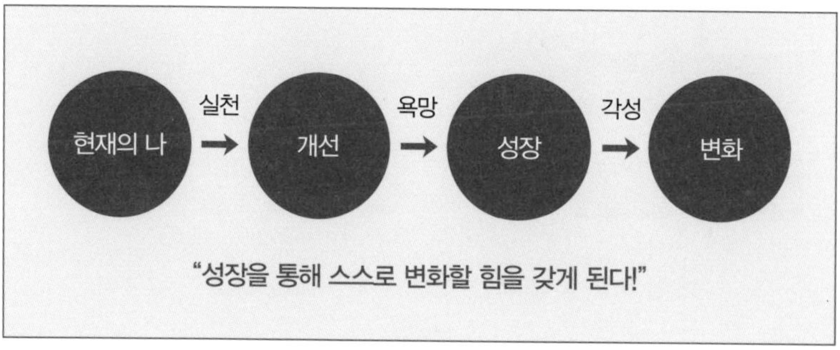

성장의 의미

그다음은 새로운 '지식과 경험'을 쌓으며 소득을 개선하는 단계에 진입하게 된다. 자신이 원하는 소득을 얻는 단계다. 마지막 단계는 '새로운 힘의 획득 단계'다. 1~2단계에서 이미 새로운 시도를 하여 원하는 성장과 소득을 달성하였기 때문에, 3단계에서는 기존의 틀을 탈피하고 자신만의 체계를 만든다. 자신이 어디로 발전할지 알 수 없지만 무한히 성장하는 단계에 이르렀고 더 이상 과거의 나약한 자신으로는 돌아갈 수 없다. 이 단계에 도달하면 당신은 이미 당당한 1인 사업가로 우뚝 선 것이다. 자신만의 힘과 통찰력이 생겨서 어떤 시도든 아무 거리낌없이 할 수 있으며 타인에게 도움을 주는 삶을 살게 된다.

2단계 지식과 경험을 쌓는 단계까지는 누구나 도달할 수 있다. 기술은 얼마든지 베낄 수 있기 때문이다. 그러나 자신만의 새로운 체계는 누구도 베끼거나 취할 수 없다. 3단계에 이른 사람이야말로 진정한 1인 사업가라고 할 수 있다.

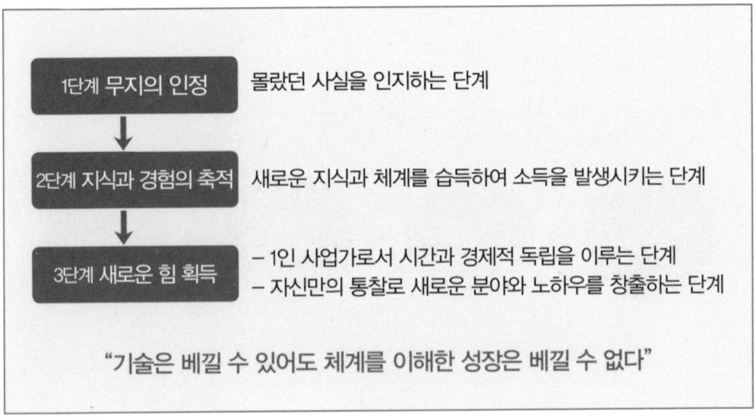

성장의 3단계

10억 원이 있다고 생각하면 10억 원이 생긴다

경기가 늘 어렵다고 하지만 자산 10억 원가량 보유한 사람이 내 주변에는 의외로 많다. 10억 원은 서울에 20평짜리 아파트도 못 사는 돈이지만, 한편으론 평생 먹고살 수 있는 금액이기도 하다.

10억 원이 없는 당신에게 10억 원이 생겼다고 가정해보자. 어느 날 당신의 계좌에 10억 원이라는 돈이 이체된 것이다. 나에게 10억 원이 생기다니 생각만 해도 설레고, 그동안 하고 싶었지만 돈 때문에 참아왔던 것들이 떠오를 것이다. 없던 자신감이 생기고 5,000원짜리 옷에 만 원짜리 운동화를 신고 다녀도 당당해진다. 10억 원이 있기 때문이다. 눈빛이 달라지고 먹지 않아도 배부르다. 원래 돈 없을 때 먹고 싶은 게 더 많고, 가고 싶은 곳도 많은 법이다.

그러나 이 10억 원을 받는데 조건이 하나 있다. 이 10억 원은 당장

한 푼도 쓸 수 없고 5년 후에나 꺼내 쓸 수 있는 돈이다. 이 조건 때문에 혹시 당신은 낙담하고 실망할 것인가?

절대 그렇지 않을 것이다. 묶여 있다고 해도 어차피 그 10억 원은 내 돈이니까 말이다. 당장 쓸 수 없어서 약간 답답하기야 하겠지만, 10억 원이 생긴 오늘부터 하루하루 즐겁게 살 수 있는 희망이 있으니 인생이 재미있을 것이다.

당장 10억 원이 있는 사람처럼 행동하라

당장 10억 원은 없다 할지라도 10억 원이 있는 사람처럼, 아니 100억 원이 있는 사람처럼 자신 있고 담대하게 생각하고 행동하라고 권하고 싶다. '에이, 어떻게 없는 돈을 있다고 생각하라는 거야. 이상한 놈이네'라고 생각한다면 지금처럼 하루하루 그럭저럭 현상 유지하는 삶조차 힘들어질 수 있다.

전교 650명 중 600등 하던 학생이 어느 날 '전교 20등 안에 들겠어'라고 각오를 다졌다. 그리고 실제로 그 학생은 1년 만에 전교 50등 안에 들게 되었다. 이 학생이 전교 20등이 목표가 아니라 '전교 500등 안에 들어야지' 라고 각오했다면 그 500등도 성취하기 어려웠을 것이다.

일단 목표는 자신이 소화 가능한 범위 내에서 크게 잡는 것이 좋다. 자신의 생각보다 더 크게 자랄 수는 없는 법이다. 상상의 범위를 넓혀 목표는 크게 잡는다.

목표만 정한다고 다는 아니다. 여기서 인생이 갈라진다. 전교 20등을 목표로 잡았다면 천재나 영재가 아닌 이상 현재 전교 20등 하는 친구보다 훨씬 더 많은 공부를 하고 인내해야 한다. 이런 노력 없이 나의 목표가 전교 20등이라고 외친다면 망상증 환자다. 전교 20등이 정말 간절히 되고 싶다면 죽을힘을 다해 '한 번 결행해보는 자세'가 필요하다. 그럼 지금까지와는 다른 성취감을 경험하게 될 것이다. 바로 이 성취감이 앞으로의 성공과 당당한 자신을 만들어줄 트리거(방아쇠)가 될 것이다.

현재는 지난 내 선택의 결과

생각이 단순할수록 집중력이 생긴다. 단순하게 생각하면 세상이 단순해 보이고, 복잡하게 생각하면 세상은 복잡해 보인다. 스스로 어떤 생각으로 현상을 바라보는지에 따라 세상은 완전히 달라진다.

지금까지 당신의 인생은 당신이 생각하고 바라는 대로 이루어져 왔다. 어느 수준까지 노력했는지는 신과 당신만 알겠지만 딱 노력한 그 수준까지 이루어졌을 테고 그게 오늘날의 당신의 모습이다. 남에게 사기를 당했든, 공부할 기회가 없었든, 무언가 남들과는 다른 억울한 일이 있었든, 당시에는 너무 어려서 시야가 좁았든 어떤 이유로 인한 선택이었든 어쨌든 모든 순간은 전부 당신의 선택이었다. 실행을 할지 말지 선택의 순간에 당신이 하지 않았다면 그것도 당신의 선택이다.

소득에 있어서도 당신이 최하 월 500만 원 이상 벌고자 한다면 월 300만 원 버는 사람과는 무언가 다른 점이 있어야 한다. 물론 이때 '다른 점'이 남과는 다른 특화된 노하우일 수도 있다. 하지만 수익에 있어서 가장 중요한 것은 바로 나 자신의 마음가짐과 실행력이다. 그것이 일반 회사원과 1인 사업가로서의 다른 점이라고 생각한다.

나는 일하고 싶을 때 일한다

대구의 한 종합대학 총장 비서실에서 근무한 적이 있다. 총장은 시간 관리의 고수였다. 옆에서 지켜보면서 가장 자주 들었던 말이 지금도 잊히지 않는다.

"지금까지 그 많은 시간 동안 대체 뭐했나요? 오늘 밥 먹을 일을 하고 나서 밥을 먹습니까?"

시간 관리의 고수가 돼라

수행단에 포함되어 대만에 1주일간 출장을 간 적이 있다. 통역은 함께 간 교수가 맡았는데, 하필 통역을 담당한 교수가 부재한 상황에서 현지인과 의사소통이 필요한 일에 처했다. 현지 직원에게 가는 길을 물어보라는 총장의 지시를 난 제대로 수행하지 못했다. '너는 대체 그 많은 시간 동안 뭐했기에 영어로 간단한 의사소통도 못하느냐'는 눈빛이 날아와 꽂혔다. 작은 실수에도 내 역량이 바로 드러나는 자리여서 항상 긴장하며 일했다.

총장의 비서업무를 수행하면서 내 자신의 인생에도 상당한 변화가 있었다. 총장은 밤 9~10시까지 전쟁 같은 외부 일정을 소화하고 보통 11~12시에 잠자리에 들었다. 1년 365일 중 쉬는 날이 없었다. 언제나 새벽 4시에 일어나 영어, 중국어, 붓글씨를 연습하면서 하루를 열었다. 1주일의 출장 중 하루 정도는 피곤해서 쉴 법하지만 다음 일정지로 이동하는 차 안에서 잠깐 자는 것이 휴식의 전부였다.

내가 근무하던 당시 총장의 나이는 80대였는데, 그럼에도 생활 패턴이 흐트러진 적이 없었다. 총장은 내가 실제로 경험한 사람 중 단연 최고의 의지와 실천력을 보유한 사람이었다.

내가 본 시간 관리의 또 다른 고수는 고등학교 3학년 시절의 반장이다. 고3이었고 수능이 얼마 안 남은 시기라서 기술, 체육 등 수능에 나오지 않는 과목의 교사는 그 시간에 국어, 영어, 수학, 과학 공부를 하라고 했다. 아마 학교 방침이었을 것이다. 당시 반장은 이런 것에 아랑곳하지 않고 기술 시간엔 기술책만 봤고 음악시간엔 음악책만 봤다. 다른 친구들은 뭐하러 쓸데없는 것을 공부하냐고 놀렸다.

반장은 흔히 말하는 SKY(서울대, 고려대, 연세대) 혹은 이에 준하는 대학에 입학 가능한 실력이었다. 반장은 원칙을 지킨 것이었다. 남들이 굳이 지키지 않아도 된다고 생각하는 일에도 철저했다. 지금 생각해도 대단한 친구다.

시간 관리 원칙을 세우고 굳건히 지키면 성장은 자연스레 이루어진다. 시간 관리가 잘 안 되는 사람이라면, 매일 글쓰기를 추천한다. 그리고 되도록 온라인 환경에 적응하면서 사업적 감각도 익힐 겸 온라인 블로그나 카페에 쓰도록 하자.

우선순위를 정해 중요한 일 세 가지를 골라라

오늘 할 일 중 반드시 해야 할 일과 중요하지 않은 일을 구분해서 적어놓으면 일할 때 마음이 편하다. 마음이 편해야 일이 원만하다. 매일 아침 노트에 오늘 할 일 전부를 쓴다. 그중에서 오늘 반드시 해야 할 일, 매일 하는 일, 당장 하지 않아도 될 일을 표시하면 된다. 할 일마다 몇 시까지 완료할 것인지도 같이 적으면 훌륭하다.

사장이 당신에게 오늘 오후 2시까지 구슬 아이스크림 판매 기획안을 가져오라고 했다고 치자. 현재 시간은 오전 10시다. 당장 무엇을 할 것인가? 한가하게 구슬 아이스크림의 역사나 기원 따위를 찾지는 않을 것이다. 구슬 아이스크림을 홈쇼핑에 출시할 것인지, 백화점이나 놀이공원에 납품할 것인지와 같이 어디서 판매할 것인지 정하고 판매량과 기대수익은 어떨지, 어떻게 하면 좀더 소비자와의 접점을 늘릴 것인지 등의 자료를 모을 것이다.

얼굴 옆으로 총알이 날아다니는 전쟁터에 나가면서 10살짜리 아들에게 "이번에는 반에서 꼭 5등 안에 들거라"라고 말하는 아빠는 없다. "아빠 올 때까지 건강하고 아빠 대신 엄마를 잘 지켜주거라!"라고 할 것이다. 제한된 상황에 처하게 되면 정말 중요한 한마디만 남고 그보다 덜 중요한 나머지 것들은 저절로 빼게 되어 있다.

특히 제한된 시간 내에 일을 전부 완수하지 못했다 하더라도 시간을 제한하지 않았던 때와는 업무의 질과 양에서 많은 차이가 발생한다. 제한된 시간까지 일에 집중하는 것이 포인트다. 더 시간을 들이지 않아야 다음번에 더 집중하게 된다.

살면서 내 생각대로 하기가 힘들 때도 많다. 그렇지만 성공한 인생을 살기로 다짐했고, 앞으로 더 잘하기로 스스로와 약속했다면 끝까지 그 목표를 품고 나아가면 된다. 어떤 일을 하든 간에 주변 환경에 영향을 받기보다는 스스로의 성장에 집중하는 편이 낫다.

생산적인 고민이 아니라면 애초에 하지 마라

오른쪽 목에 지름 10센티미터가 넘는 동그랗고 진한 검은색 점이 있었다. 태어날 때부터 있던 그 점은 모두의 놀림감이었다. 인지력이 형성되기 시작한 4살 때부터 학원을 가든 슈퍼에 가든 이발소에 가든 어디를 가든 사람들의 시선은 내 목에 있는 흉물스러운 점으로 향했다. 8살이 되어 초등학교에 들어가서부터는 점박이, 개쩜, 젖소, 점 털(점에 양분이 넘치는지 부드러운 털이 3센티미터 이상 자랐다) 등 온갖 별명이 따라붙었다. 수업시간에 선생님의 지시로 교과서를 읽게 되었는데 첫출발을 하는 지점을 의미하는 '시발점'이란 단어가 나오자 반 분위기는 일순간 아수라장이 되었다. 시발점이 시발점이라고 해서다.

고민을 도려내라

"이 정도는 성형외과적으로 볼 때 재앙에 가깝습니다."

22살 되던 해에 성형외과에 찾아갔을 때 의사가 나와 어머니 앞에서 한 말이다. 그런데 22년간 점박이로 살아온 내게 그 말은 이상하게도 위안과 안식을 주었다. 내가 감추고 숨기며 주눅 들었던 원인을 "네가 그래 왔던 것은 너무 당연한 거였어"라고 누군가 인정해준 최초의 사건이었기 때문이다.

아버지께서는 당신에게 말도 없이 그 명물을 없앴다며 두고두고 서운해하셨지만 나는 20년이 지난 지금까지 단 한 번도 후회한 적 없다. 강사가 직업이니 만약 점을 빼지 않았다면 좋든 나쁘든 각인효과는 있었을지도 모르겠다.

10센티미터가 넘은 점이 부정적인 영향만 준 것은 아니다. 남들의 고통을 겪지 않아도 잘 이해할 수 있는 능력이 자연스레 생겼다. 어렸을 때부터 수많은 사람에게 놀림받고 심지어 전혀 모르는 사람들까지 나를 보며 킥킥댔는데, 그런 일을 몸소 겪으니 부당한 대우를 당하는 사람이 있으면 적극적으로 나서서 옹호해주게 되었다.

100명의 응원보다 1명의 조롱이 인생 전체를 망치기도 한다. 누군가에겐 고민이 아닌 것이 누군가에겐 죽을 수도 있는 문제다. 누구도 함부로 남의 고민에 대해 판단하고 단정 지어서는 안 된다. 고민은 자신감과 자존감을 낮출 수 있다. 충분히 할 수 있는 일이고 좋아하는 일이었는데 자신감과 자존감 부족으로 애초에 시도조차 못하게 된다면 안타깝다.

고민 당사자에게 많은 것을 보여주어 고민의 강도를 줄여줄 수 있다. 고민도 분명 상대적이기 때문이다. 가령 내가 점 크기가 20센티미터인 사람을 보았다면 고민은 좀 줄어들 것이다. 점 크기가 20센티미터인 사람이 주눅 들지 않고 자랑스러운 듯 자신의 점을 드러내 놓고 다닌다면 점 크기가 10센티미터인 내가 고민에서 벗어나는 일은 한결 쉬웠을 수도 있다.

어차피 고민할 거라면 수준 높은 고민을 하라

우리는 항상 무언가에 대해 고민한다. 고민은 내 현재 수준을 말해준다. 나이를 먹으면서 지식과 경험이 증가하면 고민의 수준도 높아진다. 인정하지 않으려 해도 어쩔 수 없다. 당장 이성 친구를 만나는데 옷이 신경 쓰이고 짧고 못생긴 몸뚱이가 걱정이라면 고민의 수준은 딱 거기까지다. 이건 나이와 관계없다. 내가 강조하고 싶은 말은 지금 하고 있는 고민의 본질을 파악하고 기왕 고민할 것이라면 고민의 수준을 높이라는 것이다.

모든 고민은 통제할 수 있는 고민과 통제할 수 없는 고민으로 나눌 수 있다. 문제는 통제할 수 있는 고민에 대해서는 손을 놓아버리고, 통제할 수 없는 고민에 빠져 있는 경우다. 항상 경제적으로 허덕이는 부모님께 '왜 나는 남들처럼 미국으로 유학 보내주지 않는 거야'라는 원망을 품고 있다면, 이는 통제할 수 없는 고민을 붙잡고 어리석게 감정을 소비하며 쓸데없이 시간만 허비하고 있는 것이다.

자신이 공부하기 싫고 자신이 공부를 못하는 것에 대해 부모님 탓으로 돌리며 핑계만 대고 있으니 멍청한 짓이다. 다 습득하려면 수억 년도 모자랄 세상의 온갖 지식이 온라인 검색이나 유튜브에 공짜로 널려 있다. 충분히 스스로 해결 가능한 상황은 애써 모른 체하고 부모나 가족 등 타인을 이용해서 자신은 언제나 그렇듯 뱀처럼 슬그머니 빠져나간다. 책임 회피가 실행보다 쉽기 때문이다.

책임 회피를 해서 행복하다면 모를까 문제는 전혀 그렇지 않다는 데 있다. 무의식적으로 자기혐오에 빠지게 된다. 자신을 믿지 못하는 것이 일상화되면 새로운 시도는커녕 아무것도 성취할 수 없게 된다.

고민을 고민으로 보지 마라

자신이 할 수 있는 일과 할 수 없는 일을 분리한 다음, 할 수 있는 일에 집중해야 한다. 이 과정에서 타인은 빼는 것이 좋다. 남 신경 쓰지 말라는 이야기다.

고대 스토아 철학자 에픽테토스의 말을 제자가 책으로 펴낸 《담화록》에는 '우리에게 달려 있는 것'과 '우리에게 달려 있지 않은 것'을 구분하라고 나온다. 우리에게 달려 있는 것은 믿음, 충동, 욕구, 혐오 등으로 자신이 행할 수 있는 일이다. 반면에 우리에게 달려 있지 않은 것은 육체, 소유물, 평판, 지위 등으로 자신이 만들거나 행할 수 없는 일이다. 행복과 불행은 바깥에서 주어지는 것이 아니라 내가 '행하는' 상태에 달려 있으므로 자신이 통제할 수 없는 것은 받아들이고 자신이 통제할 수 있는 것은 변화시켜서 얼마든지 행복으로 나아갈 수 있다는 것이다.

철학자 알프레드 아들러는 "타인의 일과 자신의 일을 분리하라"며 과제 분리를 통해 각자의 삶을 통제하라고 했다. 내 목에 큰 점이 있어서 불행하든, 큰 점을 나를 알리는 계기로 삼든 어쨌든 내 과제다. 반대로 타인이 나의 큰 점을 보고 축복이라고 하든, 놀라거나 비웃든 그것은 타인의 과제이니 신경 쓰지 말라는 것이다. 다소 극단적인 해석이지만 아들러는 이런 과제 분리를 통해 사람들의 모든 고민을 해결할 수 있다고 봤다. 남을 신경 쓸 필요도 없고 간섭할 권리도 없다는 것이다. 가족이라도 마찬가지다. 자신의 일만 잘하면 그뿐이다.

처음 강의하는 사람은 무대에 나가기 전 무척 떨리게 마련이다. 많은 사람 앞에서 잘할지 못할지 걱정되기 때문이다. 여기서도 아들러의 조언은 용기를 준다. 강의를 잘 준비하고 강의 내용을 잘 전달하는 것이 당신의 일이라면, 좋았든 혹은 별로였든 그건 강의를 들은 타인의 과제이므로 신경 쓰지 않는 것이다. 어차피 계속 강의를 한다면 강의의 질은 자연히 좋아지게 된다. 스스로 통제할 수 없는 일은 신경 쓰지 말고, 내가 통제할 수 있는 일만 신경 쓸 때 고민에서 벗어날 수 있다.

혹시 통제할 수 없는 일로 고민하고 있다면, 어렸을 때부터 고민이 많았던 내게 어머니께서 한 말을 전하고 싶다. "쓸데없는 걱정 말고 네가 지금 당장 할 수 있는 일이나 잘해라"라고 말이다.

슬럼프가 찾아오면
잠시 쉬어도 된다

때때로 힘이 빠지고 포기하고 싶은 시기가 찾아온다. 슬럼프에 빠지면 아무것도 하기 싫고 하늘에서 돈벼락이나 떨어졌으면 좋겠고 자신감은 떨어진다.

나도 지금껏 수없이 겪었다. 그런데 슬럼프를 겪다 보니 슬럼프가 도리어 좋은 징조라는 것을 깨닫게 되었다. 한정된 체력과 시간 동안 자신을 희생해가며 열심히 일했을 때 오는 것이 슬럼프이기 때문이다. 최소한 하루 종일 소파에 누워 머리 긁고 발가락 만지고 코 후벼댄 손으로 과자나 집어먹는 게으름뱅이에게는 슬럼프가 없다. 이들에게는 불안과 불만족만 있을 뿐이다.

슬럼프는 성공의 징후다

'소포모어 징크스(sophomore jinx)'는 잘하려고 하다가 힘이 들어가서 슬럼프가 찾아오는 것을 말한다. 맹활약하던 신인 프로야구 선수가 전년도의 활약에 미치지 못할까 봐 부담되어 경기력이 제대로 나오지 않거나 반대로 잘난 자신에 대한 우쭐함 때문에 연습에 소홀해져서 경기력 부진으로 이어지는 경우가 대표적이다. 영화도 전편보다 속편이 재미가 없고 노래 앨범도 잘된 앨범의 다음 앨범이 망작인 사례도 있다.

내가 겪은 슬럼프도 크게 다르지 않았다. 직장 다닐 때보다 5배 이상 벌겠다는 목표를 달성한 순간 극심한 슬럼프가 찾아왔다. 열심히 하던 마음은 어딜 갔는지 그토록 바라던 것들을 이뤘을 때 느꼈던 허무함에 긴 슬럼프에 빠졌던 것 같다. 지금은 슬럼프 따위는 없다. 슬럼프의 본질을 알고 이겨냈기 때문이다.

슬럼프는 목표에 거의 다 와서 찾아오기도 하고, 목표를 이룬 직후 찾아오기도 한다. 한참 일하다가 갑자기 의욕 없이 축 늘어지는 시기가 왔다는 것은, 곧 성공 직전이라는 시그널(신호)이다.

때로는 잠시 멈춰도 된다

나는 처음 슬럼프에 빠졌을 때 아무것도 하지 않고 그냥 쉬었다. 그렇게 한 달 넘게 여행하고 책만 읽었다. 이것은 내가 어디에 구속되지 않는 직업을 가졌기에 가능했던 방법이다.

번아웃 증후군(Burnout syndrome)은 긴 노동시간, 강도 높은 노동에 비해 매우 짧은 휴식시간으로 인해 신체적 정신적으로 탈진된 현상을 말한다. 번아웃 증후군은 신체는 물론 정신의 면역기능까지 마비시킨다.

성공의 속성에 '단기간'이나 '포기'라는 개념은 없다. 수십억 원 이상 버는 소위 성공한 사람들은 공통점이 있다. 시도했고 잘 버텼다는 점이다. 머리가 좋아서 성공한 게 아니라는 말이다. 성공은 재능이 만들어주는 것이 아니라 버티는 시간이 만들어준다.

보통은 그 버티는 시간을 힘들어 한다. 몇 년 후 밝은 미래를 기대하기엔 당장도 힘들고 미래의 희망도 없어 보이기 때문이다. 버티는데 힘이 부친다면 잠시 휴식을 취해보면 어떨까?

슬럼프가 찾아오면 자신의 방식대로 이겨내면 된다. 나는 휴식을 추천한다. 꾸준히 성장하는 직업을 가진 자에게 슬럼프는 자신을 망치는 괴물이 아니라 다음 단계로 껑충 뛰어오르게 해주는 성장의 선물이기 때문이다. 이 슬럼프에 걸려 넘어지는 사람에게 성장의 마법은 일어나지 않는다.

보이스 피싱의 뛰어난 기획력을 배우다

대형 마트에서 엘리베이터를 기다리는데 한 여성이 조용히 다가오더니 "아주 좋은 거 있는데…"라고 속삭여 놀란 적이 있다. 알고 보니 카드 영업사원이었다. '대체 좋은 게 뭐란 말인지…' 평상시 관심 있던 제품도 외면하게 만드는 멘트가 아닌가. 이 영업사원은 판매하는 제품과 상대방을 연결하는 단계를 빼먹었다.

보이스 피싱 사기 기법의 교묘함에 혀를 내두를 때도 있지만 때로는 그 기발함에 무릎을 칠 때도 있다. 친한 친구인 철희에게 어느 날 카톡이 왔다.

"영수야, 50만 원만 빨리 빌려줘. 지금 내 계좌에 문제가 생겼어. 빨리 거래처에 50만 원 입금해야 하는데 계좌 문제 때문에 입금을 못 하고 있어. 오늘 오후 5시까지 입금해줄 테니 50만 원 부탁 좀 할게.

참, 내 계좌는 문제가 있어서 밑에 찍어준 계좌로 보내줘. 그리고 오후에 입금할 네 계좌도 알려주고. 내일 치맥 한잔 살게 고마워!"

철희의 카톡을 본 영수는 '어? 철희가 힘든 상황인가 보네?' 하고 알려준 계좌로 얼른 송금한다. 오후 5시가 지나고 영수는 철희에게서 아무런 연락이 없자 전화를 걸어서 돈 달라는 소리는 먼저 못하고 "급한 일은 잘 해결됐니?"라고 넌지시 물어본다.

그럼 철희는 "어? 급한 일이라니? 무슨 말이야?" 하고 영문을 모르겠다는 듯 되묻는다. 몇 마디 더 나눈 영수는 이내 얼굴이 하얘진다. 그제야 보이스 피싱에 속아서 사기꾼 계좌로 돈을 송금했음을 깨달았기 때문이다. 이 사기꾼은 영수 외에도 여러 사람에게 동일한 내용으로 카톡을 보냈고 걸려든 사람들에게 송금을 받고 감쪽같이 사라졌다.

영수가 바보라서 속은 게 아니다. 갑자기 돈 빌려달라는 것이 좀 당황스럽긴 했지만 친구가 급하다고 하니 귀신에 홀린 듯 믿고 송금해준 것이다. 사기꾼은 친구라는 '연결고리'를 통해 영수에게 접근한 것이다.

판매의 첫 단계는 소비자와의 연결이다

사람과 사람 간 연결이든 판매할 상품(서비스)과 소비자의 관심 간 연결이든 처음 보는 사람과 인연(연결)을 맺기란 쉬운 일이 아니다. 판매의 시작은 연결이다. 사람과 사람 사이의 연결이 끈끈하다고 무조건 잘 팔리는 것은 아니다. 필요해야 사니까 말이다. 이 연결을 위해 상대방이 납득할 만한 접근 방식을 가질 필요가 있다. 바로 기획이다.

세계적 교육학자로 유명한 버니스 매카시는 인간 의식의 흐름을 'Why(왜)' 'What(무엇을)' 'How(어떻게)' 'If(그러면 내게 무엇이 좋은가)'의 총 4단계로 구분했고 이를 '4 MAT 시스템'이라고 했다. 원래 4 MAT 시스템은 학습에 적용되는 시스템이지만, 이를 기획, 판매, 보고서 등 다양한 분야에 적용하여 성과를 낼 수 있다. 중요한 것은 '나(판매자)'가 아니라 '상대방(소비자)'의 입장이 되라는 것이다. 이 시스템의 핵심이기도 하다. 그럼 버니스 매카시의 4 MAT시스템을 살펴보자.

앞서 예로 들었던 대형마트의 신용카드 영업사원은 4 MAT시스템으로 볼 때, 1단계의 '왜'는 건너뛰고 2단계인 '무엇'에 해당하는 카드 상품을 먼저 꺼냈다. 연결이 빠진 것이다. 소비자는 '내가 왜?'라는 마음으로 외면해버린다.

요새는 대형마트 카드 영업사원의 멘트가 바뀌었다. "저기, 고객님! 방금 계산하신 영수증 좀 잠시 봐드릴게요"라고 소비자를 도와줄 것 같은 멘트로 연결을 시도한다.

더욱 숙달된 영업사원은 영수증을 보면서 소비자에게 말을 건넨다. "고객님이 지금 돈 주고 사신 금액 15만 원에서 기존에는 0.1퍼센트 적립이었는데 새로 나온 홈플러스 신용카드는 무려 2퍼센트를 적립해드려요! 기존 카드는 100만 원 사봐야 1,000원인데 이 카드 하시면 100만 원에 2만 원 적립돼요!"

이제 영업사원은 성공 확률이 대폭 높아졌다. 영업사원으로서 소비자에게 할 말은 다 전달했기 때문이다. 소비자에게 외면당하면 성공 확률 '0퍼센트'이지만, 소비자와 연결이 되었다면(소비자가 멘트를 듣고 멈춰 섰다면) 이제는 성공 확률 '50퍼센트'가 된다. 고객이 10명일 때, 100명일 때, 1,000명일 때, 즉 영업을 시도하는 고객이 많아질수록 이 둘의 실적은 하늘과 땅 차이로 벌어진다.

확률을 뒤집는 연결의 힘

'도박사의 오류'라는 심리현상이 있다. 동전을 던져서 앞면 혹은 뒷면을 맞추는 게임을 한다고 가정해보자. 총 열 번의 게임을 한다. 지금까지 아홉 번 게임을 해왔고 이제 마지막 한 판만 남은 상황인데 지금까지 아홉 번 모두 앞면이 나왔다. 그렇다면 이제는 뒷면이 나올 때도 되었다. 어떤 사람이라도 열 번째에 또 앞면이 나오리라고 생각하기 힘든 상황이다. 그래서 도박사는 동전 뒷면이 나올 확률에 남은 돈 전부를 걸었는데 또 앞면이 나왔다. 또 다른 예로 도박사의 오류 현상을 이해하자면, 프로야구 중계 상황에서 허구연 해설위원이 "이 선수는 타율이 3할 4푼인데 오늘 3타석 모두 삼진이에요. 이제 안타 하나 나올 때 되었죠?"라는 말과 같다.

지나온 상황들과 현재의 결과는 전혀 상관없다. 새로운 판이 되면 다시 확률은 초기화되어서 맞힐지 맞히지 못할지의 50퍼센트 확률만 있을 뿐이다. 열판 모두 독립적으로 각각 앞뒤가 나올 확률은 50 대 50인 것이다. 우리 인생도 마찬가지다. 지금까지 실패만 해왔다고 해서 다음번에도 실패할 확률은 결코 없다. 각각의 사건들은 전부 독립적이다. 당장은 초심자라서 실적이 좋지 않더라도 꾸준히 소비자의 입장에서 생각하고 연구하다 보면 성공 확률은 자연스럽게 올라간다.

필요한 정보를 주는 사람이 돼라

폭넓고 깊은 연결일수록 소득과 비례하게 된다. 온라인 커뮤니티를 구축한 소수의 성공한 영업인은 소비자와의 접점이 깊고 넓다. 그만큼 신뢰를 쌓을 기회가 많다. 소비자는 상업적 내용, 광고 홍보를 혐오한다.

영업 분야는 전쟁터다. 하루에 인터넷 가입자 수가 5~10명인 영업사원이 있었다. 보통 인터넷 가입자를 하루에 한 명도 유치하기 힘든 경우가 많은데도 이 영업사원은 늘 한 달에 수백 명 이상의 인터넷 가입자를 모집했다. 비결은 온라인 카페였다.

자신이 운영하는 온라인 카페에 "이번 달 인터넷 가입하면 현금 40만 원 지급" 같은 멘트는 일절 쓰지 않았다. 대신 인터넷 사용료가 왜 한 달에 3만 5,000원이 나오는지 설명했다. 그리고 인터넷 회선의 종류는 무엇이 있고 10기가 상품과 100기가 상품의 차이점을 세세히 밝혔다. 더불어 매달 나오는 사용금액 납부 명세서를 전부 해부하여 설명했다. 소비자는 자신들이 헷갈려하고 궁금해하는 정보를 주는 판매자를 신뢰하기 마련이다. 소비자를 만족시켜 주었으니 소득은 걱정하지 않아도 된다.

보이스 피싱 사기꾼도 똑같다. 피해자의 심리를 꿰뚫고 있다. 피해자가 깜짝 놀랄 정보를 먼저 주고(가령, 당신의 아들을 납치했다, 당신의 계좌가 범죄에 이용되어 당신은 곧 사법처리를 받을 운명에 처했다 등) 연결을 시도한다. 여기에 연결되어버리면 평상시의 이성과 논리는 사라진다. 순순히 돈을 사기꾼에게 입금하게 된다. 돈을 입금해주는 것만이 사건의 유일한 해결책으로 믿어버리기 때문이다. 사람의 심리를 악용하여 돈을 갈취하고 자신의 주머니를 채우는 것은 범죄다. 소비자에게 좋은 것을 주는 사람은 광고로 현혹하지 않아도 사람들이 자발적으로 다가온다.

'스토리'는 소비자를 움직이는 강력한 무기다

폭염에 수박농사가 잘 되지 않은 어느 농사꾼이 있었다. 갑작스런 폭염에 수박이 다 터져버려서 정상 출하 때보다 반의 반도 안 되는 양으로 수확량이 줄어든 것이다. 딱한 사정을 안타까워한 한 회원이 온라인 맘카페에 "꿀수박 한차를 그냥 버리려 한답니다"라는 제목으로 글을 올렸고, 판매 시작 1시간도 채 안 되어서 수박 300통이 완판됐다. 수박 한 통당 5,000~7,000원만 받은 것도 단시간 내에 완판된 요인이겠지만, 온라인 카페(커뮤니티)에서 '글 1개'가 갖는 위력을 보여주는 사례라고 생각한다.

완판의 비결을 분석하다

순서대로 보면, 어느 맘카페 회원이 수박농사가 폭염으로 인해 다

터져버린 안타까운 사연을 카페에 올린다. 오전 7시 16분에 글이 올라왔고 20분 만에 조회 수가 200건 이상이었고 댓글만 70여 개가 넘게 달렸다. 시간이 가면서 조회 수는 더욱 폭발적으로 올라갔다. 회원 수 약 2,000명에 불과한 카페에서 발생한 일이다.

나는 직업 특성상 온라인 커뮤니티, 특히 온라인 카페 수백 군데를 수시로 모니터링한다. 마침 이 사연은 내가 거주하는 경기도 지역 카페에 올라온 것이라 수박을 판매하는 현장에 가봤다. 수박 판매 현장은 총 4차선 도로에서 2차선 도로까지 수박을 사러온 맘카페 회원들의 차량으로 꽉 찼다. 판매 시작 시간 전인데도 불구하고 줄을 선 회원만 100여 명이 넘었고 시간이 지나면서 줄은 더욱 길어졌다. 용달차에 싣고 온 수박 300여 통은 1시간 만에 완판됐고 수박을 사지 못하고 돌아선 회원도 많았다.

카페에 글을 올린다고 전부 이런 상황이 발생되지는 않는다. 엄마(회원)들의 동정심을 자극하는 '스토리'가 있었고 거기에 맞는 '가격'

맘카페 글과 사진

'사연 있는' 수박을 사기 위해 줄 선 카페 회원

이 있었기에 가능한 일이었다. 판매자 입장에서 보면, 폭염에 수박농사를 망쳤지만 카페 글 하나로 수박을 완판하여 재고를(고민을) 털어낸 것이고, 구매자 입장에서 보면, 안타까운 사연을 접하고 도와주러 온 것이다.

상당히 무더운 날씨였지만 맘카페 회원들에겐 나름 재미있는 이벤트였는지 땡볕에서 30분 넘게 줄 서 있으면서도 밝은 얼굴이었다. 엄마랑 같이 나온 아이들도 사방팔방 뛰어다니며 노느라 정신없었다. 기다리는 사람들 중 일부는 수박 사러 오라고 여기저기 전화를 돌려 스토리를 더욱 전파시켰다.

이미 이쯤 되면 수박의 맛이나 모양은 큰 문제가 아니다. 아마 수박 1,000통이었어도 분명 다 팔렸을 것이다. 나도 5,000원짜리 수박 두 통을 사왔다. 집에서 먹어보니 맛은 그저 그랬다.

과거 부모님께서도 10년 넘게 포도밭을 운영한 경험이 있다. 포도는 햇빛이 강할수록 당도가 더 올라간다. '농사'라는 연결 고리로 사연에 더욱 관심이 갔는지도 모르겠다.

이외에도 주문량에 '0' 하나를 더 붙여 발주한 아르바이트생의 안타까운 실수를 담은 사연이 SNS에 올라와 순식간에 완판된 사례도 있었다. 예를 들어 20개 주문이었다면 200개를 주문한 것이다. 이 사연도 약자인 아르바이트생과 안타까운 스토리가 사람들의 마음을 움직인 것이다.

스토리는 호소력을 높인다

자신의 일도 아닌데 온라인 커뮤니티에 글을 쓴다는 것은 일반적인 경우는 아니다. 일단 로그인도 해야 하고 남들 눈치도 봐야 하니 평소 일기 한 번 쓴 적 없는 사람에게는 일상의 소소한 일을 간단하게 쓰는 것도 어렵다. 그래서 대다수 카페 회원이 눈팅만 한다. 타인의 글을 보기만 한다는 말이다.

이런 특성으로 비춰보면 타인을 위해 온라인에 글을 쓰는 것은 대단히 귀찮은 일이다. 그러나 남이 곤경에 처하거나 어려움에 직면하여 막막해하는 것을 보았을 때 충분히 온라인이든 어떻게든 도움을 주려는 마음이 생기기도 한다. 또한 그 일이 나의 일처럼 느껴진다면 수많은 사람들의 공감을 불러일으킬 수 있고 삽시간에 퍼져나갈 수 있다.

사업으로 성공한 이야기보다 사업으로 망한 이야기가 더 큰 공감을 불러일으킨다. 사람들은 길고 지루한 논문보다 한두 마디의 짧은 말을 더 좋아한다. 힘없는 서민의 '안타까운 스토리'로 포장하여 사람들의 구매를 촉진시키는 방식은 빈번하게 악용되기도 한다. 이 때문에 실제로 어려운 사람마저 그 진정성이 의심을 받기도 했고 소비자들의 원성과 외면을 받기도 한다.

안타까운 사연이 아니더라도 스토리가 있는 제품은 소비자에게 감동을 불러 일으킨다. 들기름 판매자가 씨앗을 뿌리는 시작 단계부터 들깨를 짜내는 공정까지 공개하여 판매에 활용한다면 소비자에게 감동과 신뢰감을 줄 수 있다. 제품이 만들어지는 단계를 현장감 있는 사진과 동영상에 담아 판매자의 땀과 눈물까지 판매 과정에 녹인다면 소비자가 제품을 구매하는 데 고민하는 시간은 단축된다.

중요한 것은 벌어진 상황을 바라보는 관점이다. 싸고 좋으나 '사연이 있는' 수박을 사러 온 소비자의 관점으로 볼 것이 아니라 어떤 방식으로 판매되는지 판매자의 관점에서 상황을 봐야 한다.

소비자는 제품이나 서비스를 구매할 때 자신이 '어떻게 쓸지' '자신에게 어떤 점에서 이득이고 도움이 될지' '정말 필요한 것인지'에 관심이 많다. 모든 소비자가 이성과 논리를 장착하고 물건을 구매하지는 않는다. 구매 리스트를 가지고 갔어도 새로운 상품이나 눈에 들어온 제품을 추가로 구매하는 것은 일상적인 일이다. 온라인으로 무언가 판매하고자 하는 예비 사업가라면 판매자의 입장에서 타 판매자의 판매 글을 관찰하는 것만으로도 당장 무엇을 해야 할지 알 수 있다.

성공을 부르는 생각 습관을 들여라

우리는 한 번쯤 제대로 된 성공의 기회를 가져봐야 한다. 그래야 자신감과 자존감이 높아지고 자기 자신을 사랑하고 믿게 된다. 해냈다는 그 경험이 앞으로의 인생에서 더 큰 성공을 자석 같이 자신에게 끌어당겨준다. 할 수 있다가 아니다. 그냥 하면 된다. 성공에 다른 것은 없다. 고기도 먹어본 자가 맛을 안다. 성공도 성공해본 자가 그 맛을 안다. 그 맛을 알기에 더 성공하기 위해서 스스로 더 노력하게 된다. 선순환이다.

성공 습관1_당신의 진짜 욕망을 파악하라

나는 인생이 돈만 많이 벌면 장땡이라고 확신하고 살았다. '어차피 내가 열심히 공부해서 좋은 직장에 들어가고 전문직이 되고 대학교수가 된다 한들 결국 돈 때문에 이러는 거잖아'라고 생각했다. 욕망은 지극히 내밀한 것일 수 있지만 직업과 연결할 수 있다. 사실 선택의 문제일 뿐 모든 것을 소득과 연관 지을 수 있는 세상이다. 당신이 애니메이션 덕후이거나 게임광이라면 방에 틀어박혀서 혼자만 즐기는 것이 아니라 유튜브를 통해 해설이나 소개하는 방송을 하여 모두와 공유하면 된다. 쪽팔림은 처음뿐이다.

나와 같은 취미를 가진 사람은 극소수일 것이라고 판단해선 안 된다. 덕후는 셀 수 없이 많다. 우리나라 인구는 5,000만 명이 넘고 전세계 인구는 70억 명이 넘는다. 70억 명 모두 다양한 취미가 있다. 5,000만 명 중 99퍼센트에게 미움받더라도 1퍼센트에게만 지지받으면 무려 50만 명에게 지지받는 것이다. 50만 명에게 매달 100원씩 받으면(유튜브 광고비) 5,000만 원 소득이다.

덕후를 좀더 넓게 보면 사무직 덕후도 있고, 공부 덕후도 있고, 책 덕후도 있고, 요리 덕후도 있다. 무궁무진하다. 모든 게 돈이다. 자신이 좋아하는 일, 욕망하는 일에 대해 온라인 커뮤니티를 구축할 수 있는 능력이 있다면 당신의 소득은 예상한 것보다 100배 이상 높아질 것이다.

유튜브 채널 구독자 수 세계 1위인 스웨덴의 퓨디파이(PewDiePie) 역시 게임방송을 주로 한다. 퓨디파이는 유튜브 방송 중 PPL형식의 광고를 하는 것으로도 유명하다. 그의 1년 유튜브 광고수익만 200억 원이 넘는다.

현재 당신의 직업이 적성은 맞지 않지만 소득이 많다면 역시 좋은 직업이다. 그 소득으로 원하는 것을 하면 되니까 말이다. 혹시 당신의 욕망을 알 수 없어서 직업으로 연결시키지 못하겠다면 한 가지 요령을 알려주겠다. 남들이 귀찮아 하고 어려워하는 것을 찾으면 된다. 한 가지 더 요령을 알려준다면 자신이 지금까지 가장 많은 시간을 쏟아부은 일을 찾아서 소득과 연결시키는 것이다. 그게 담배든 동화책이든 술이든 책상이든 한 분야만 꾸준히 파서 사람들과 그것을 공유하면 된다. 당신이 한 분야에 꾸준히 존재하기만 한다면 당신에게도 50만 명의 팬이 생길 것이다.

성공 습관2_기브 앤드 테이크를 잊지 마라

내가 원하는 것을 얻고자 한다면 반드시 대가를 지불해야 한다. 누군가 주는 공짜 상품이나 공짜 친절은 반드시 나에게 공짜는커녕 원래 가치 이상의 값을 요구한다. 그런데 희한한 것이 있다. 공짜로 얻은 결과와 노력해서 얻은 결과는 받는 대접이 다르다. 사람이 됐든 재화나 용역이 됐든 공짜로 얻은 것은 함부로 취급하는 경향이 있다. 그렇게 원하던 공짜인데 말이다. 반면 내가 노력해서 얻은 것은 귀하게 여긴다.

누구나 성공을 바란다. 그러나 현재의 '나'로는 성공이 힘들다면, 지금보다 개선되고 성장하기 위해 변화해야 한다는 것쯤은 알고 있다. 그러나 변화하기 위한 대가를 지불하기는 꺼린다.

예를 들어 공무원이 되고자 하는 사람이 있는데 '만약 2년 넘게 공부하고도 공무원 시험에 합격하지 못하면 어쩌지'라는 마음으로 시험에 도전조차 하지 않는 경우다. 어떤 목표를 세웠으면 반드시 그 목표를 이루기 위한 대가도 필요하다. 2년 공부하고 시험에 합격한다면 하지 않을 사람이 없다.

그러나 변화를 위해 대가를 지불한 사람은 다르다. 변화를 바라는 사람들은 과거보다 현재 자신의 성장하는 모습을 발견할 때마다 처음의 두려움과 고민이 줄어든다. 목표를 달성하는 과정 속에서 성장이라는 보상을 받게 되는 것이다. 모든 재물이나 성취에는 공짜가 없고 대가를 지불한 주인이 다 있다. 나에게 공짜를 가장하여 옆에 와 있는 것들은 결국 그 주인들이 이자까지 포함해서 다시 가져갈 것이다.

성공 습관3_지식과 경험으로 수익을 창출하라

대다수의 사람은 안정되고 밝은 미래가 자신을 기다리고 있다고 확신하지 못한다. 도리어 가면 갈수록 더 불안해진다고 생각하는 사람이 더 많을 것이다. 아이러니다. 대체 왜 시간이 지날수록 인생이 개선되지 않고 삶은 점점 더 어려워지는가?

만약 당신이 생각할 때 지식과 경험이 늘어났음에도 불구하고 소득이 높아지지 않는다면 당신의 지식과 경험은 당신의 소득에 그다지 도움이 되지 않는다고 생각하는 게 맞다. 정확하게는 지식이 아니라 활용의 문제다. 활용을 달리 할 수 있다는 것은 관점의 변화가 일어났다는 말이다.

PC방에서 하루 종일 친구들과 게임하며 수다 떠는 사람과 유튜브를 통해 1인 방송가로서 팬들에게 자신이 게임하는 것을 보여주며 수다 떠는 사람은 다르다. 전자는 소득은커녕 비용을 지급하는 반면 후자는 한 달에 수천만 원을 버는 1인 미디어 사업가일 수 있다. 자신의 지식과 경험을 판매하여 소득을 올릴 궁리를 하자. 결국 좋아하는 일을 어떻게 활용하느냐에 달렸다.

성공 습관4_작은 성공을 반복해 성취감에 취하라

성취감은 보상의 양보다는 기대에서 비롯된다. 100만 원을 받기로 했는데 1,000만 원을 받았을 때, 아무런 이유 없이 갑자기 50만 원의 보너스를 받았을 때 우리는 무척 행복해진다.

자신의 정신적 한계를 벗어나 스스로를 통제하고 고통을 감내하는 고등한 존재가 인간이다. 그래서 남들보다 뛰어난 성취와 보상을 받게 된다. 매일매일 스스로에게 보상을 줄 수도 있다. 매일 조금씩 이뤄가는 데에서 오는 성취감은 작지만 행복함을 안겨준다. 빌 게이츠도 주차장에서 사업을 시작했고 에어비앤비 창립자도 처음엔 여러 호텔을 돌아다니며 발품을 팔았다. 시작은 초라했지만 결과는 산업 자체의 패러다임을 바꿨다. 어떤 일이든 시작은 볼품없다. 초반에 인내심을 갖는 것이 중요하다. 특히 초반에 90퍼센트 이상은 알아서 걸러진다. 그렇다면 당신은 나머지 10퍼센트에 들면 된다.

작심삼일이 되는 이유는 본인이 지금 하려는 일에 대한 성공 경험이 없기 때문이다. 결과를 모르기 때문에 올인하기 힘든 것이다. 초반부터 어느 단계까지는 '맛'이 없다. 하지만 꾸준히 진행하다 보면 무언가 감이 생기고 맛도 좋아지는 지점과 조우하게 된다.

새로운 일을 만나면 '잘할 수 있을지라는 의심'과 '해내고 나면 받게 될 보상' 사이에서 끊임없이 고민한다. 아무것도 하지 않으면 아무것도 얻지 못한다는 사실만은 분명하다. 결국 새로운 일을 시도해야 크든 작든 보상을 받는다.

3장

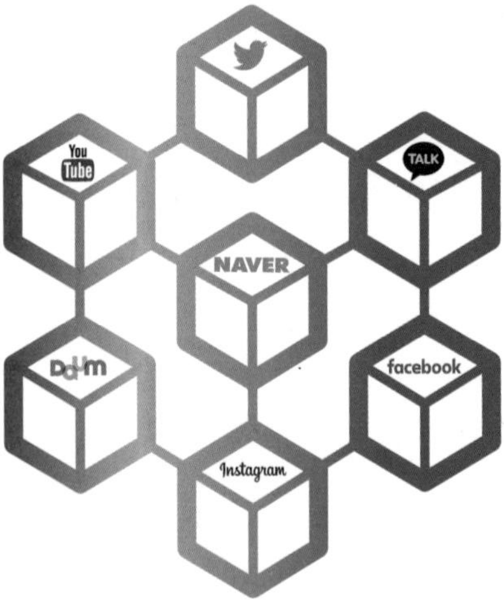

플랫폼 창업에 필요한 핵심 키워드

장기성_
90세까지 할 수 있는 일인가

강의를 하다 보면 대학생, 사업가, 직장인, 전문직, 취업준비생, 주부, 은퇴자 등 다양한 직업의 수강생과 마주하게 된다. 경험이나 사고방식이 제각각인 사람들과 대화하기 위해서는 강사인 나 또한 꾸준히 공부해야 한다. 강사가 성장할수록 전문성이 깊어질 테고 그러면 더 양질의 강의를 제공할 수 있기 때문이다. 자발적 성장은 선순환을 가져온다.

공급과잉 시대에 살아남기 위한 전략

성장을 멈추지 않아야 공급과잉 시대에 차별화라는 무기를 얻을 수 있다. 수요보다 공급이 지나치게 많은 상황이 공급과잉이다. 서로 자신의 물건이 좋다고 홍보해야 하는 시대이지 물건이 없어서 못 파는 시대가 아니다. 배는 부른데 살기는 더 어려운 이유가 여기에 있다.

공급과잉 시대에는 아르바이트든 직장인이든 "너 아니어도 일하고 싶어 하는 사람은 줄 섰어"라는 말을 들을 가능성이 크다. 제품이든 사람이든 너무 많으니 무언가 달라야 선택받을 수 있다. 아이러니하게도 누군가는 공급과잉에 살아남기 위한 전략을 세워 위기를 기회 삼아 크게 도약하기도 한다.

내가 하루 1시간밖에 일하지 않아도 되는 것은 바로 꾸준한 성장 때문이다. 바쁘다는 핑계로 1년에 1권도 읽지 않던 책을 지금은 한 달에 10권 이상 읽고 있다. 죽을 때까지 글 쓰고 책 쓰고 강의할 생각이다. 위기를 기회 삼아 천직을 찾았다. 바로 온라인 플랫폼으로 창업한 것이다.

온라인 플랫폼은 당신에게 수많은 혜택과 기회를 준다. 돈이 들지 않는다는 점, 그간 저평가되었던 당신의 본래 가치를 인정받을 수 있다는 점, 당신의 가치가 단기간에 급등한다는 점이 온라인 플랫폼이 주는 혜택이고 기회다.

플랫폼을 변화의 발판으로 삼아보라

당신이 잘하는 일, 당신이 좋아하는 일을 기반으로 온라인 플랫폼을 만들어 꾸준히 활동한다면 당신의 브랜드가 생기면서 인생이 바뀔 것이다. 나는 직장을 다닐 때와는 비교도 안 되는 삶을 살고 있다. 하루 1시간만 일하고 한달에 1,000만 원 이상 벌게 됐기 때문이 아니라 내 인생의 온전한 주인이 되었기 때문이다. 아무런 제약이 없다면 당신에게도 꼭 하고 싶은 일이 있을 것이다. 혹은 생각만 해도 두렵고 떨리지만 꼭 해보고 싶은 일 말이다.

비현실적인 꿈은 없다. 당신이 하겠다고 마음먹고 결행한다면 어떤 식으로든 이루어진다. 불가능하다고 생각하면 그 일은 절대 이루어지지 않는다. 지금 당장 노트에 당신이 하고 싶은 일을 먼저 적어라. 그리고 온라인 플랫폼에 글을 쓰고 동영상을 만들어 올려라. 그럼 당신도 90세까지 할 수 있는 직업을 막 시작한 것이다. 대장정의 시작이다.

열정_
내가 좋아해서 열정을 쏟을 수 있는 일인가

일은 두 가지로 분류할 수 있다. '하고 싶은 일'과 '원하는 일을 하기 위해 하는 일'로 말이다. 현재 자신이 하는 일에 대해 생각해보면 좋겠다.

몇 년 전 힘들게 공무원시험에 합격한 후배가 불과 몇 개월 만에 퇴사하고 교육대학에 다시 입학했다는 소식을 들었다. 또 의대에 다니던 고등학교 1년 선배가 의사의 길을 포기하고 아주대학교 앞에서 실내포차를 한다는 소식도 들었다. 공무원과 의사라는 직업을 포기하기는 대한민국 현실상 쉽지 않았을 텐데, 아마도 '하고 싶은 일'을 선택한 것이리라. 모든 선택은 자신이 하는 것이다. 선택에 따른 결과 또한 자신의 몫이다.

온라인 플랫폼을 선택하다

내 수강생 중 한 명은 17년차 은행원이다. 그런데 의외로 컴퓨터를 잘 다루지 못한다. 켜고 끄고 인터넷 검색을 하는 수준이다. 내게 온라인 플랫폼의 구축과 판매에 대해 컨설팅을 받았고 온라인 커뮤니티 활동을 해보며 적응기간을 거쳐 지금은 아이템 선정 중이다.

지금까지 은행업무만 해왔었는데 온라인 세상에 눈을 뜨니 하루하루가 즐겁다고 했다. 특히 온라인 커뮤니티에서 회원들과 소통하는 것이 재미있다는 것이다. 다른 은행원들도 퇴직 후 진로 문제로 고민이 크고 공인중개사를 준비하는 직원들도 상당수 있다고 한다. 안정된 직장이지만 퇴직하고 마땅히 은행 경력을 이어갈 만한 일이 없었던 것이다. 이 수강생은 직장인을 주제로 온라인 카페를 만들겠다는 계획을 세웠고 직장을 다니면서 제2의 인생을 준비하고 있다. 직장인 모임 카페는 모든 종류의 수익화 모델을 접목할 수 있는 형태다. 심지어 스마트폰 공동구매나 제철과일 공동구매도 가능하다. 관점의 변화와 직업의 지속성에 남은 인생이 달려 있다는 점만으로도 미래를 준비하는 대안은 반드시 있어야 한다. 해답은 온라인 플랫폼이다.

친구 K는 5년째 택배업을 한다. 예전엔 사무직이었지만 여러 가지 이유로 택배업으로 직업을 바꿨다. 택배업의 월수입은 잘 몰랐는데 이야기를 들어보니 활동량에 따라 소득 차이가 컸다. 친구 K의 월 소득이 300만~500만 원이다. 적지 않은 소득이다. 친구 K는 현재 택배와 물류 관련 커뮤니티를 구상 중이다. 이 커뮤니티 또한 모든 종류의 수익화 모델을 접목할 수 있다. 신기하지 않은가?

또 다른 친구 H는 현장 전기기사다. 15년 정도 전기 만지는 일을 했다. 그전엔 양식 레스토랑 요리사였다. 그도 마찬가지로 자신이 하고 싶은 일을 선택했고 소득도 높은 편이다. 친구의 말에 따르면 20~30대는 현장 전기기사 일을 기피한단다. 땡볕에서 일하는 것도 그렇고 1만 볼트 이상의 전기를 만지는 작업 때문에 꺼리는 것이다. 하지만 친구는 전기 전문가로서의 삶에 만족한다.

이 친구에게 추천하는 온라인 플랫폼이라면 가장 일반적인 형태로 전기기사 자격증 카페가 있다. 또 하나는 전기 관련 인력 모임 카페다. 전기 같은 전문 분야는 일하는 사람에 대한 수요가 많고, 다양한 지식을 온라인으로 공유하고 회원들이 쉽게 활용할 수 있다는 점에서 성장성이 있다. 전기인들이나 예비 전기인들만 모아놓은 카페 하나만 잘 운영해도 해당 분야에서 강력한 브랜드를 갖고 고소득을 노릴 수 있다.

아직 해볼 만한 시장이다

사실 우리가 생각할 수 있는 대부분의 카페는 시장에 존재한다. 그러나 실제 해당 분야의 경쟁자라 할 수 있는 대형 카페는 1~2개밖에 없다. 정말 뜨는 분야라 해도 대형 카페가 2~3개 이상인 경우는 거의 없다. 이 정도면 시작을 해야 하나 말아야 하나 걱정할 수준은 아니다.

동네에 치킨 체인점을 차린다고 생각해보라. 치킨집의 경쟁자는 근처 치킨집은 물론이고 중국집, 한식집, 분식집까지 포함된다. 그러나 온라인 플랫폼은 해당 분야에서만 경쟁한다. 그마저도 경쟁자가 거의 없다.

현재 하는 일이 재미없고 하고 싶지 않다면 혹은 하고 싶은 일을 위해 하는 일도 아니라면 다른 선택을 고민해보는 것도 좋다. 온라인 플랫폼은 아직 승산이 있는 시장이다.

온라인 사업에 부정적인 생각을 가진 사람도 적지 않다. 그런 사람의 대다수가 자신이 컴퓨터를 다루는 데 서투르다고 생각한다. 온라인 사업을 하는 데 컴퓨터 사용능력은 분명 도움이 된다. 그러나 온라인 사업이든 오프라인 사업이든 결국 사람을 상대한다는 것이기 때문에 컴퓨터 사용능력보다는 공감과 이해능력이 훨씬 중요한 부분이다.

참고로 네이버 스마트 스토어는 타 판매 채널에 비해 자신의 온라인 스토어를 스토리텔링과 특정 테마형으로 특화하여 키울 수 있다. 판매를 하면서 자신의 스토어와 판매자인 자신을 브랜드화할 수 있다는 장점이 있고 수수료도 저렴하여 많은 사람이 판매자로 진입하는 온라인 채널이다.

무엇보다 온라인 사업은 오프라인 매장과는 다르게 아이템을 구매하여 쌓아놓지 않아도 가능하고, 대면 판매가 쉽지 않은 사람도 얼마든지 판매와 그에 따른 소득을 창출할 수 있다는 장점이 있다. 하지만 온라인 사업은 분명한 맹점도 존재한다. 자신의 제품이나 서비스를 구매하지 않는 사람들이 대체 '왜' 구매하지 않는지 정확한 이유를 알 수 없다는 것이다. 자신의 제품이나 서비스를 구매한 사람이 '왜' 구매했는지에 대해서도 모르기는 마찬가지다. 11번가나 스마트 스토어 등의 온라인 판매 전문 채널에 소비자들은 자신들의 실제 생각을 잘 노출하지 않는다. 쓰는 것 자체도 귀찮다. 쌍방향 소통이 아니기 때문이다. 따라서 배송이 느리면 느리다고, 빠르면 빠르다는 정도로 자신들의 의견을 늘어놓는 수준이다. 그래서 온라인 사업은 단점은 보완하고 장점은 더욱 내세울 수 있는 포인트를 알기 어렵다.

그러나 '사람들이 모인 커뮤니티를 기반'으로 하는 온라인 플랫폼 사업은 다르다. 커뮤니티 내의 사람들의 생각을 그들이 작성한 게시글과 댓글을 통해 쉽게 알 수 있다. 좀더 직관적으로 알고 싶은 점이 있다면 설문조사 성격의 게시글을 통해 사람들에게 직접 물어볼 수도 있다. 사람들의 생각이나 호불호를 안다는 것, 즉 '왜'를 알 수 있다는 점에서 온라인 플랫폼 사업의 장점을 이해할 수 있다.

사람들의 생각을 안다는 것은 고소득에 아주 가까이에 와 있다는 의미다. 컴퓨터 사용능력이 없어도 디지털 기기에 대한 적응력이 미숙한 사람도 글만 쓸 줄 안다면 누구나 온라인 플랫폼 사업에서 성공할 수 있다. 모국어가 한국어이니 글을 쓰지 못한다는 것은 어불성설이다. 사람들을 모으고 다함께 소통할 수 있도록 관리하면 된다. 즉 온라인 플랫폼의 구축과 운영 노하우만 알면 누구나 쉽게 사업할 수 있다. 모르는 것은 알면 그뿐이지 사업을 방해하는 요소는 될 수 없다.

성장_ 어제보다 오늘, 오늘보다 내일 더 성장 가능한가

지금 하는 일이 중간에 단절되지 않고 계속 이어진다면 전문성이 축적된다. 소득이 증가할 가능성도 높아진다. 물론 모든 일에 잘하고 못하고의 개인차는 존재한다. 이는 잘하고 못하고의 문제가 아니라 적응력의 문제다. 아무리 새로운 일도 한 달만 하면 웬만하게 적응한다. 걱정할 필요 없다. 그리고 상상해보라. 모두가 같다면 무섭지 않은가. 사람은 공장에서 찍어내는 로봇이 아니다.

초등학생의 희망 직업 1위, 크리에이터

1인 미디어 시대에 유튜브는 자신을 세상에 제약 없이 알리는 데 가장 확실한 매체다. 비용도 들지 않는다. 글자 검색에서 동영상 검색으로 트렌드가 바뀐 지 오래다. 사람들은 글보다 동영상을 좋아한다.

페이스북 콘텐츠 도달률도 동영상이 가장 높은 것으로 나타났다.

손톱 관리 잘하는 법을 글자로 보는 것과 동영상으로 보는 것은 차원이 다르다. 머리 손질하는 방법, 스케이트 잘 타는 방법, 암기 잘하는 방법, 홈 트레이닝 방법, 영어회화 잘하는 방법, 글 잘 쓰는 방법 등을 배울 수도 있고, 하버드 대학에 가지 않아도 하버드 교수의 강의를 들을 수 있으며 그밖에도 먹방, 게임 방송, 뉴스 등 원하는 주제의 영상을 무료로 방에 누워서 볼 수 있다.

1인 방송인을 크리에이터라고 하는데, 해외 유명 크리에이터 중에 몇몇은 월드스타급 수준의 소득을 올린다고 한다. 국내에서도 유튜브 광고수익 순위 30위까지 전부 소득이 1억 원 이상이다.

아이들 콘텐츠로 유명한 캐리 언니는 광고 수익만 연 7억 원 이상이고 매출은 22억 원이 넘는다고 방송에서 밝혔다. 이제는 방송까지 진출한 대도서관은 "나는 유튜브로 1년에 17억 번다"고 자신의 저서 표지에 적었다. 이외에도 한 달 소득 수백만 원에서 수천만 원 수준의 1인 방송인은 셀 수 없이 많다. 지금 1억 원 버는 유튜버는 다음 달 소득이 더 커질 가능성이 높다. 계속 성장하기 때문이다. 이들이 포기할 가능성은 거의 없다. 전문성이 생기면 스스로에 대한 자존감이 높아진다. 재미있고 살맛 난다. 별 일 없다면 현재 자리를 계속 이어갈 것이다.

현재 너 나 할 것 없이 유튜브 방송에 도전하고 있다. 그러나 90퍼센트는 중도에 포기한다. 1등과 경쟁하기 때문이다. 유튜브에서 구독자 확보는 온라인에서 팬을 확보하는 것과 같다. 구독자가 많다고 무조건 수익이 높아지는 것은 아니지만, 구독자가 수백 명 수준이라면 고소득은 기대할 수 없다.

수만 명에서 수십만 명 이상의 팬을 확보하기 위해서는 '꾸준함'만이 답이다. 마땅히 내세울 것 없는 개인이라면 꾸준함 외에 다른 지름길은 단언컨대 없다. 이 꾸준함이 거인을 이기는 유일한 무기다. 순위권 안에 있는 유명 크리에이터는 구독자가 수십만 명 이상인 경우가 많다. 초심자들은 하루에 30명, 40명씩 모으는 것을 너무 느리고 답답해한다. 하루 30명씩 팬을 모은다면 산술적으로 한 달이면 900명이 모인다. 이 속도라면 1년에 1만 명이 가능하다. 콘텐츠만 좋다면 1년에 1만 명이 아니라 10만 명, 100만 명도 가능해지는 순간이 온다.

확산의 조건을 갖추려면 최소한 팬의 숫자를 1,000명 이상으로 잡는 것이 좋다. 꾸준히 인내하며 콘텐츠를 올리면 어느 순간 양질 전화가 일어나는 시점이 온다. 처음부터 콘텐츠가 없다고 고민하지 말라는 이야기다. 허접했던 초기의 콘텐츠는 점점 질이 좋아진다. 시도 횟수가 많아질수록 과정이 많아진다. 과정이 많아지면 그중에 좋은 것들이 생겨난다. 이 좋은 것들을 통해 좋은 사업이 된다. 이 단계에 도달하면 30명씩 늘던 팬이 300명 3,000명씩 늘어난다. 이 순간까지 꾸준히 포기하지 말고 가야 한다.

결국 자신이 성장하는 포인트에 팬도 늘어나는 것이다. 말콤 글래드웰(Malcolm Gladwell)의 표현을 빌려 폭발적 확산이 일어나는 티핑 포인트(Tipping point) 지점까지 개인마다 속도의 차이는 있지만 꾸준히 가야 하는 이유다.

포기하지 말고 꾸준히 가라

때로는 잘 기획해서 만든 100개의 동영상보다 아무렇게나 만든 1개의 영상이 대박이 될 때가 있다. 한 여성이 츄바카(chewbacca, 스타워즈에 등장하는 털복숭이 캐릭터) 가면을 쓰고 웃는 영상이 있다. 이 짧은 영상을 여성 자신은 물론 수많은 사람이 페이스북과 유튜브에 올렸고 1억 명이 넘는 사람들이 보면서 포복절도했다. 그녀는 이 영상 덕분에 영국 TV쇼는 물론 미국 유명 TV쇼 〈더 레이트 레이트 쇼 위드 제임스 코든〉에도 출연했다.

단기간 소득이 목적인 사람은 이런 폭발적 성장이 오기 전에 포기한다. 꾸준한 사람이 성공하는 것은 대단히 쉽다. 성공은 재능이나 IQ가 아닌 끈기로 만든다. 끈기를 이야기할 때 "엉덩이에 종기가 날 정도로 오래 앉아 공부했다"라는 비유를 많이 한다. 뻔하고 당연한 이야기라고 생각할지도 모르겠다. 하지만 이 뻔한 이야기를 한 귀로 흘리지 않고 마음으로 받아들였을 때 비로소 성장을 위한 준비가 완료된 시점이라고 나는 생각한다.

스스로의 미숙함을 인정하고 숨죽이고 꾸준히 성장을 이루어낸 사람은 반드시 자신이 원하는 결과를 얻는다. 소득이 아니라 자신의 성장이 첫 번째 목표여야 한다. 성장이 오고 다음에 소득이 오는 순서여야 성공한다.

1,000만 원 벌 자격이 있는 사람이 1,000만 원을 번다. 돈은 살아 있고 냉정하다. 자격이 없는 사람에게 돈은 자신을 결코 허용하지 않는다. 그래서 1,000만 원 이상 벌 자격이 있는 사람으로 성장하는 것

이 먼저다.

유명 유튜버의 소득이 1억 원이든 100억 원이든 신경 쓰지 말자. 당신은 일단 500만 원 그리고 1,000만 원 소득을 위한 성장을 목표로 잡는 게 좋다. 당신도 1억 원 이상 버는 유튜버와 마찬가지로 계속 성장할 것이고, 1억 원, 10억 원 소득도 곧 가능해질 것이다. 끝없는 성장의 과실을 한 번 경험하게 되면 포기하는 일 따위는 생기지 않는다.

같은 분야라도 사람이 다르면 전혀 다른 콘텐츠가 된다. 걱정 말고 자신이 좋아하는 분야에서 성장하면 된다. 유튜브를 예로 들었지만 다른 온라인 플랫폼도 마찬가지다. 꾸준함은 갈 길이 너무 명확해서 실천하기 어렵지만 동시에 갈 길이 너무 명확해서 실천하기 쉽다. 뻔함을 견뎌내고 반복해야 한다.

시스템_
가만히 놔두어도 소득이 발생하는가

현재 내가 구축한 온라인 플랫폼의 시스템은 가만히 놔두어도 소득이 발생하게 되어 있다. 지금의 시스템이 자리를 잡기까지 수차례의 시행착오가 있었다.

시행착오1_오픈마켓 판매를 경험하다

과거 직장을 관두고 블로그와 11번가, G마켓, 스토어팜 같은 오픈마켓에서 판매를 해본 적이 있다. 블로그는 2개를 운영했는데 메인 콘텐츠는 일본 여행, 일본 쇼핑, 이세이미야케나 꼼데가르송 등과 같은 유명 브랜드를 가격비교하는 내용이었다. 3~4개월 지나니 블로그 방문자가 하루 1,000~2,000명 정도로 늘어났다.

오픈마켓은 아이템과 광고비 싸움이다. 판매하는 제품이 상위에 노출되어야 판매가 발생한다. 제품이 상위에 노출되려면 판매량이 중요하다. 동일 IP에서 판매량이 100개 발생하면 어뷰징(abusing)으로 분류되어 상위 노출이 되지 않는다. 여러 IP에서 많이 판매되어야 상위 노출 기회를 얻는다. 이를 위해 아는 사람들끼리 다른 지역 PC방이나 사무실에서 서로 구매 주문만 해주는 일이 빈번했다. 이런 식으로 상위 노출이 가능해지면 광고비를 쓰지 않아도 되었기 때문이다.

물론 지금은 이런 방법이 통하지 않는다. 그러나 언제든 꼼수는 있기 마련이다. 판매하기 위한 노하우는 배우면 그뿐이다. 노하우를 알면 소득은 그리 어렵지 않다. 문제는 아이템이다. 온라인 세상에는 너도 나도 같은 아이템을 공급받아 판매할 수 있다. 실제로도 이런 문제 때문에 결국 최저가 경쟁과 상위 노출 경쟁이라는 도돌이표 지옥에 빠진다.

핸드폰 케이스는 개당 마진이 몇 백 원에서 1천 원 안팎이었다. 하루 100개를 팔아도 세금 빼면 5만 원 수익도 안 된다. 여기에 반품 한 번 들어오면 왕복 택배비 5,000원이다. 1개에 마진이 500원인데 1개 반품이면 제품 10개 판 마진만큼 손해다. 보통 반품으로 돌려보내면 구매한 소비자가 다시 돌려보내는 택배비 2,500원을 부담해야 한다. 그럼에도 소비자가 고객센터에 직접 전화해서 클레임을 걸면 판매자에게 왕복 택배비가 전가된다. 어쨌든 나는 홍삼 같은 대표적인 건강기능식품부터 남녀 의류, 액세서리, 운동화, 먹거리, 전자제품, 차량용품, 주방제품, 이불, 선글라스, 가방, 여행용 캐리어 등 안 팔아본 분야 없이 다 팔아봤다. 결론적으로 소득이 500만 원이든 1,000만 원이든 내게 오픈마켓 판매 시스템은 매력적으로 다가오지 않았다.

큰 규모로 오픈마켓에 유통하는 선배도 있었고 SNS와 블로그, 카페 등 수십 군데에 대량으로 공동구매하는 지인도 있었다. 하루에도 수천만 원 이상이 움직이는 일이지만 정작 개인 판매자의 소득은 기대에 미치지 못하는 경우가 많다. 온라인 채널 소유자와 중간 유통업자에게 들어가는 수수료도 판매가의 30퍼센트가 넘는 건 예사였다. 소위 앞으로 벌고 뒤로 다 까지는 식이었다. 매출은 의미 없다. 수익률이 중요하다. 10억 원 매출이어도 수익은 100만 원에도 미치지 못하는 경우가 있다.

유통에서 날고 기려면 새벽부터 부지런해야 한다. 인맥 중요한 것은 두말할 나위도 없다. 몇 년 조그맣게 해보니 적은 시간 일하면서도 소득에 제한이 없는 직업이 아니었다. 무엇보다 매일 '새 아이템 찾아 3만 리'에 공급사와 택배 문제로 씨름하고 고객 클레임 응대, 오픈마켓 스토어 관리, 반품 문제 등 골치 아팠다. 대형 포털 로직이 바뀔 때마다 상위 노출 방식에 적응하는 것은 덤이었다. 아무리 좋은 아이템을 갖고 있어도 시장에 금방 경쟁자가 나타났다. 최소한 온라인 오픈마켓 판매나 유통은 내가 찾던 일이 아니었다. 즉 내가 없으면 소득이 발생되는 일이 아니었다.

시행착오2_구매 대행을 경험하다

오픈마켓 판매자를 그만두고 블로그와 일본 구매 대행에 뛰어들었다. 자유를 좋아했던 내게 일본 구매 대행은 일이 아니라 여행이었다.

큰 소득을 내기는 힘들다고 보는 게 맞다. 여행경비 정도 번다고 생각하면 편하다. 전문적으로 소득을 창출하려면 법 사이를 교묘히 왔다갔다 해야 한다. 어쨌든 6개월 이상 구매 대행업을 했다.

구매 대행은 판매와는 다르다. 판매는 판매자가 물건을 사전에 입수하여(재고판매든 위탁판매든) 구매자에게 물건을 판매하는 것이다. 구매 대행은 판매자가 없다. 구매 대행업자는 구매자의 심부름꾼이다. 일본 가는 길에 구매자의 부탁을 받고 일본 현지에서 물건을 사서 국제우편(EMS)으로 보내주거나 귀국시 통관 후 국내에서 발송해주는 방식이다. 세법상으로도 판매행위와는 다르다. 구매 대행업자는 자신의 물건을 판매해선 안 되고 오직 구매 심부름을 대행해주고 수수료를 받는다. 구매 대행업자는 심부름하고 받은 수수료에 대해서만 세금을 낸다.

나는 국내와 일본에서 구매 대행을 했다. 일본은 가깝고 비행기 값도 저렴해서 구매 대행업자들에게 인기가 높다. 부산 국제여객터미널에서 고속 여객선 코비를 타면 후쿠오카에 2시간 30분 정도면 갈 수 있다. 티켓도 왕복 최저 3만 9,000원부터 있어서 20만 원 안팎으로 1박 2일 일본 여행도 가능하다. 다만 가끔 배가 뒤집힐 듯한 높은 파도 때문에 뱃멀미나 두려움으로 인한 심신 쇠약이 올 수 있다. 무엇보다 일본은 라멘, 초밥 등 먹거리가 많아서 좋았다. 한 달에 최대 네 번까지 다녀왔는데, 지역은 주로 후쿠오카, 오사카, 도쿄였고 대개 2박 3일 일정이었다. 특히 후쿠오카와 오사카는 일본 도매기업인 판비(fanbi)에 꼭 들렀다. 판비는 아직 한국에 많이 알려지지 않았지만, 유명 쇼핑몰인 돈키호테나 길거리마다 있는 드럭스토어에서 살 수 있는 제품보다 좀더 많은 제품이 있다. 주류, 식품류, 유명 브랜드 의류(폴로, 캐나다 구스 등), 고가 화장품(sk-2, 구찌, 샤넬 등), 액세서리, 그릇, 패션잡화 등 거의 모든 분야를 취급하고 있다.

하지만 한국 네이버 최저가가 더 저렴한 경우도 많다. 그만큼 우리나라 온라인 시장은 척박하다. 어쨌든 다양한 도매 제품 천국이므로 여건이 되면 가보는 것도 재미있다.

판비에 입장하려면 한국의 사업자등록증과 실제 매장 사진을 찍어서 가져가야 한다. 후쿠오카는 건물 한 채 규모지만 오사카는 네 채 건물이 분야별로 따로 있을 정도로 크다. 일본 현지에 가면 구글맵에 fanbi(판비)라고 검색하면 친절하게 위치를 알려줄 것이다.

오사카 외곽에는 린쿠 타운(Rinku town), 후쿠오카 외곽에는 마리

판비에서 판매하는 브랜드 화장품

판비에서 판매하는 브랜드 의류

판비에서 판매하는 브랜드 가방

판비에서 판매하는 캐나다구스

노아 시티(Marinoa city)라는 아웃렛이 있다. 이 두 곳은 규모도 크고 가격이 저렴하기로 유명하지만 실제 국내 최저가를 검색해보면 도리어 더 비싼 경우도 많다. 이곳에서 유명 브랜드 의류나 나이키 신발 등을 구입한 후 한국에서 판매하는 사람도 있다.

구매 대행은 한국에 없는 제품이 인기가 많다. 구매 대행을 하는 상위 10~20개 블로그들은 주로 꼼데가르송, 바오바오, 이세이미야케(플리츠플리즈) 등을 취급한다. 종류마다 다르지만 건당 적게는 3만~4만 원에서 6만~7만 원 이상 수익이다.

바오바오백의 경우 후쿠오카 하카타 역의 한큐 백화점과 이와타야 백화점에서 주로 쇼핑한다. 바오바오, 꼼데가르송 같이 인기 있는 브랜드는 매장 오픈 시간 전부터 줄을 서서 기다린다. 줄 서 있는 사람이나 매장에 방문하는 사람은 주로 중국인이나 한국인이다. 한국에 매장이 개설된 브랜드도 있지만 일본 현지가 가격이 더 저렴하기 때문이다. 유명 구매 대행(구대) 블로그들은 오픈마켓을 통해서도 구매 대행 상품을 팔고 있다.

그러나 배로 입국하든 비행기로 귀국하든 입국장을 통과해야 한다. 1인당 면세한도는 600달러(70만 원 정도)이고 면세한도를 넘어선 금액에 대해서는 상황에 따라 다르지만 구매 금액의 10퍼센트 이상을 세금으로 납부해야 한다. 이 비용이 만만치 않기 때문에 일본에서 물건을 구매한 뒤 귀국하지 않고 일본 현지에서 국제우편(EMS)을 이용하여 국내에 수십 개씩 보내는 사례도 빈번했다. 하지만 이런 행위는 적발 시 반드시 법적 문제가 된다. 실제로 구매 대행 초창기 물이 닿으면 벚꽃이 피어나는 헬로키티 우산 30개를 들고 입국했다가 세금 5만 9,000원을 납부한 적이 있다. 관세법을 몰랐기 때문에 신고조차 하지 않은 것이다.

유럽 구매 대행도 있는데 유럽에서 명품백이나 의류 신제품 등을 구매 대행으로 구매하는 사람도 많다. 관세를 내고도 국내보다 더 저렴하기 때문이다.

지금도 구매 대행을 시작하려는 판매자와 블로거가 많다. 정확히는 구매 대행이라기보다 일본에서 아이템 소싱하여 판매하는 형태라고 부르는 것이 더 정확한 표현이다. 구매 대행은 블로그를 통해 가장 많은 판매가 이루진다. 구매 대행을 한다는 블로그 글 하단에는 비밀댓글(블로그 운영자와 댓글 작성한 회원만 볼 수 있는 댓글)이 수십 개에서 천여 개가 달린다. 그만큼 사람들의 관심이 높은 건 사실이다.

하지만 비밀 댓글은 공개되지 않기 때문에 얼마든지 조작이 가능하다. 초심자들은 구매 대행 블로그의 댓글 수만 보고 자신도 할 수 있다고 생각하고 덤벼드는 경우가 있다. 이런 활동성과 신뢰도는 단 몇 달 만에 만들어지는 것이 아니다. 아무리 좋은 가격으로 구매 대행 블로그를 개설해도 초반엔 관심과 신뢰를 얻기 어렵다. 최소한 6개월 이상 꾸준히 활동해야 한다.

해외 구매 대행 특성상 숙박비, 식비, 교통비 등 체류비용도 많이 든다. 여러 달을 버티려면 수백만 원 이상의 자본이 필요할 수 있기 때문에 초심자는 가급적 소득에 대해서는 기대하지 않는 것이 좋다.

자신만의 온라인 커뮤니티가 있는 경우라면 구매 대행 사업 전에 회원들을 통해 수요를 타진해볼 수 있다. 온라인 커뮤니티가 있는 사람과 없는 사람 그리고 온라인 커뮤니티를 구축할 수 있는 사람과 없는 사람 사이의 격차는 비교할 수 없이 크다.

나는 일본 현지에서 총 수백 개 이상의 제품을 구매 대행했다. 블로그와 카페에 판매글을 올리면 순식간에 팔려나갔다. 소득과 효율성을 실험하고자 여러 명을 섭외해서 해외에서 조를 나눠 구매 작업도 했었다. 어쨌든 내 몸뚱이로 돈을 버는 일은 시간과 소득에 한계가 있다는 것만큼은 분명했다. 내가 없어도 소득이 가능한 시스템을 만드는 것은 이런 방식으로는 불가능했다.

오픈마켓 판매와 온라인 구매 대행은 온라인 사업이었지만 전부 직접 움직이지 않으면 결코 지속적·안정적 소득을 얻을 수 없었다. 하루 일과 자체가 상당히 바쁘게 돌아갔다. 시간이 가면서 온라인 판매에 대한 이해와 경험은 쌓이겠지만, 제품 판매를 통해 개인이 성장하는 데에는 분명 한계가 있었다.

나만의 아이템이 없다는 것은 장점이자 단점이다. 나만의 아이템이 없기 때문에(99퍼센트 온라인 판매자들은 남의 아이템을 판매한다) 항상 아이템을 걱정해야 하며 끊임없이 아이템 찾으러 다녀야 한다. 설령 나만의 독점적 아이템을 만들어낸다 해도 경쟁력이 있을 턱이 없다. 개인이 무슨 자본으로 대단한 아이템을 만든단 말인가. 큰돈 들여 아이템을 개발하든 아이디어를 가지고 OEM 방식으로 만들어내든 돈을 투자하게 되면 어쨌든 타격을 입을 위험성이 존재한다.

수많은 시행착오를 통해 나는 지금의 시스템을 만들었다. 정확히는 나의 현재 성장 단계에 비춰봤을 때 가장 적합한 시스템이다. 앞으로 내가 계속 성장하면서 시스템도 끊임없이 변화할 것이다. 주인이 진화함에 따라 시스템도 함께 진화할 것은 자명하다. “승자는 과정을 위해 살고, 패자는 결과를 위해 산다”라는 탈무드의 격언처럼 나는 지금도 충실히 과정을 살고 있다.

수익_
무한정으로 수익을 낼 수 있는가

직장인은 소득이 정해져 있다. 연봉 4,000만 원인 직장인은 아무리 일을 잘해도 연봉 4,000만 원 이상 받을 수 없다. 반면 소득에 한계가 없는 일도 있다. 소득이 정해져 있지 않다 보니 소득이 0원일 수도 있고 100억 원일 수도 있다. 당신은 정해진 소득과 정해지지 않은 소득 중 어디에 매력을 느끼는가?

할리우드 영화 〈어벤저스3: 인피니티 워〉에서 아이언맨 역할을 맡았던 로버트 다우니 주니어는 영화 한 편 출연료로 1억 달러(약 1,200억 원)를 받았다. '맨 중의 맨'이라는 휴 잭맨도 영화 〈레미제라블〉 출연료로 5,500만 달러(약 615억 원)를 받았다. 앤디 워홀의 〈첫 셀카(first selfie)〉는 770만 달러(약 88억 원)에 낙찰되기도 했다. 이들은 '돈을 많이 벌 가능성이 있는' 분야의 직업을 가지고 있다는 공통점이 있다.

소득의 한계가 없는 시스템

단순계산했을 때 로버트 다우니 주니어는 영화 한 편 출연료로 연수익 2,000만 원인 사람의 6만 배를 번다. 로버트 다우니 주니어의 키가 6만 배 더 큰 것도, 6만 배 더 잘생긴 것도, 6만 배 더 힘이 센 것도, 6만 배 더 지식이 있는 것도 아니다. 단지 한계 없는 소득이 가능한 직업인 것뿐이다.

한계 없는 소득을 원한다면 자신의 직업이 '한계 없는 소득이 가능한 직업'이거나 자신이 하는 일을 '소득의 한계가 없는 구조'로 바꿔야 한다. 당신의 선택지는 후자일 것이다. 한계 없는 소득이 가능한 직업이라면 이 책을 읽고 있지 않을 것이기 때문이다.

사실 돈을 많이 버는 분야는 따로 정해져 있지 않다. 한계 없는 소득이 가능한 분야는 내가 만들 수도 있다. 같은 직업도 전혀 다르게 활용하는 것이다. 예를 들어 직장만 놓고 보면 일반 직장인은 매일 출퇴근하고 월급을 받지만, '직장인 모임'이라는 온라인 카페를 만들어 회원을 모집한다면 출퇴근하는 일반 직장인보다 적은 시간으로도 몇 배는 더 벌 가능성이 생긴다.

사업도 마찬가지로 '사업하는 사람들 모임' 카페를 만들어 운영한다면 리스크 없이 큰돈을 벌 가능성이 높다. 어떤 직업이든 예외 없이 다른 접근 방식을 적용해서 생각하는 습관이 필요하다. 뜨개질 달인의 예도 살펴보자. 한 사람의 뜨개질 전문가가 하루에 만들 수 있는 스웨터의 개수는 한계가 있다. 그러나 '뜨개질 잘하는 방법'에 대한 강의나 카페를 만든다면 소득의 한계는 없어진다. 핸드폰 수리하는 직업

대신 '핸드폰을 수리하는 방법'을 강의나 카페를 통해 콘텐츠로 활용한다면 마찬가지로 큰돈을 벌 수 있다. 김치찌개 식당을 돈 들여 창업하는 것보다 맛있는 김치찌개 만드는 방법을 알려주는 콘셉트로 카페를 만들면 된다.

'이런 기획이 무슨 큰돈을 벌 수 있다는 거야?'라는 생각이 든다면 당신은 아직 온라인 플랫폼에 대해 전혀 모르는 단계다. 똑같은 직업이라도 어떻게 활용하느냐에 따라 소득이 제한적일 수도 있고, 소득이 무한정해질 수 있다.

온라인 커뮤니티를 조성하고 활용하라

만약 자신의 전문 분야가 있다면 그다음은 잘 팔릴 것이냐의 문제로 넘어간다. 그전에 한 가지 짚고 넘어갈 점이 있다. '나에게는 사소해 보이는 요령인데 사람들이 정말 모를까?'라는 생각이다. 당신에게는 쉽고 간단한 일이 타인에게는 어렵고 생소한 일 또는 재미있는 일일 수 있다.

이 책에서 말하는 가장 빠르고 안정적인 수익화 방식은 온라인 플랫폼이다. 먼저 온라인 커뮤니티를 개설하고 이를 통해 콘텐츠를 소비할 회원을 모집하는 것이다. '책과 강의'와 같이 수익화 모델의 접목은 그 이후에 얼마든지 진행할 수 있다.

그럼 이번에는 온라인 커뮤니티를 구성하고 활용하는 예를 살펴보겠다. '경기도 맛집'이라는 온라인 카페는 '공동구매'라는 콘텐츠를 판매한다. 이 카페에는 제품을 사줄 회원들이 20만 명 이상 모여 있다.

판매제품을 갖고 있는 공동구매 판매자에게 수수료를 받고 입점시키면 된다. 내가 굳이 오프라인 매장을 창업할 필요가 없다. 입점 판매자는 오프라인 매장 없이 카페 회원들을 대상으로 공동구매를 진행하여 소득을 창출할 수 있다.

여기서 커뮤니티 운영자와 판매자의 차이점을 보면, 운영자는 입점비를 받고 '공동구매할 수 있는 권리'를 판매자에게 판매하고, 입점하는 판매자는 모여 있는 회원들에게 '제품'을 판매한다. 즉 온라인 커뮤니티 운영자는 회원만 모으는 것이다. 그러면 판매자들이 온라인 커뮤니티에 몰린다. 자신들의 제품을 사줄 사람들이 모여 있기 때문이다. 커뮤니티 규모에 따라 다르지만, 적게는 5만 원에서 많게는 수십만 원 정도 입점비를 내면 수백 개에서 수천 개의 제품을 판매할 기회를 얻으니 입점하지 않을 이유가 없다.

소득을 기준으로 했을 때 카페 운영자와 카페 입점 판매자 중 누가 쉽고 안정적이면서 제한 없는 수익을 가져갈 가능성이 클지는 자명하다. 카페 운영자는 입점비를 내는 공동구매 판매자를 100명이든 200명이든 관계없이 모집할 수 있다. 입점비가 10만 원이고 한 달에 100명의 공동구매 판매자를 모집한다면 1,000만 원의 소득이 발생한다.

구매 대행 카페 '쇼핑지름신'도 입점비를 받고 판매자를 모집한다. 제품을 구매해줄 회원들이 28만 명 이상이다. 운영자와 판매자와의 차이는 분명하다. 앞으로 다루겠지만 이는 중간에서 수수료를 받는 중개형 카페로 쇼핑지름신 외에도 셀 수 없이 많다.

최근 부동산 투자 전문 강사들의 사례가 TV탐사 프로그램에 등장했다. 대한민국 부동산 값이 들쑥날쑥하는 이유 중 하나로 부동산 스타 강사를 지목한 것이다. 스타 강사들은 자신의 온라인 카페를 운영하고 있고 이 온라인 플랫폼을 통해 수강생을 모집한다. 한 여성 스타 강사의 수강료는 550만 원이다. 한 달에 30명이 수강한다면 매출만 1억 5,000만 원이 넘는다. 온라인 플랫폼이 있는 공인중개사나 부동산 전문가라면 자신의 소득을 100배 이상 올릴 수 있다. 반대로 온라인 플랫폼이 없는 전문가는 원래 벌던 소득조차 점점 더 힘겨워질 것이다.

온라인 플랫폼은 전문가만을 위해서 존재하는 것은 결코 아니다. 비전문가도 얼마든지 전문가로 포지셔닝 가능한 것이 온라인 플랫폼이다. 개인이 한 분야의 왕이 될 기회는 없었다. 그러나 지금은 땡전 한 푼 없는 개인도 왕이 될 수 있는 시대다.

합법_
타인에게 피해를 주지 않으며 합법적인가

모든 일은 행위자가 있고 책임자가 있다. 직장이라면 결제라인상에 존재하는 사람들이 책임을 나눠 갖거나 최종 결제자가 책임진다. 본인 사업이라면 본인이 행위자이자 책임자다. 행위자가 모든 결과를 취한다. 결과에는 소득도 있고 성장도 있고 성공도 있고 실패도 있다.

일을 법적 관점으로 분류하면 합법과 불법이 있다. 의도했든 의도하지 않았든 불법적인 일은 한순간에 사업을 망쳐버린다.

불법인 사업은 끝이 결코 좋지 않다

온라인 사업에서 가장 흔한 불법행위는 과장 광고, 허위 광고, 짝퉁 판매 등이다. 상식적·경험적으로 봐도 불법적인 일들은 의도하지 않았는데 벌어지는 경우는 거의 없다. 눈앞의 이익 때문에 자신은 물론이고 상대방까지 속이는 일이 허다하다.

합법이냐 불법이냐를 다루는 이유는 사업의 지속 여부 때문이다. 사업 소득이 지속되지 않는다면 지금까지 잘 번 것은 아무 소용없다. 사업을 일으키는 것도 중요하지만 이를 유지하고 성장시키는 것이 더 중요하다. 불법적인 일은 결코 오래가지 못한다. 온라인 플랫폼은 불법적인 일로 엄청난 소득을 발생시킬 수 있기 때문에 검은 유혹에 빠지기 쉽다.

직장을 관두고 잠시 보험영업을 하던 때의 일이다. 그 당시 자동차보험을 전문으로 하고 지점 내에서 자동차보험 1등을 도맡던 보험영업자가 구속되는 일이 있었다. 취지는 좋았지만 불법에 연루되었기 때문이다. 자동차보험은 책임보험과 종합보험이 있다. 그중 책임보험은 반드시 들어야 하는 의무보험이며 미가입시 과태료가 나온다. 자동차 사고가 발생했을 때 내 손해는 차치하고 상대방의 재산과 손해는 최소한 보장하는 보험이 책임보험이다.

자동차도 정상 차량과 불법 차량이 있다. 이른바 대포차는 불법 차량이다. 차량 명의자가 아닌 사람이 운전하면 대포차다. 아버지 명의의 차량을 아들이 운전한다면 역시 개념상 대포차다. 가장 흔한 대포차 발생 사유는 채권 채무관계다. 가령 A가 B에게 1,000만 원을 빌려주면서 B의 차량을 담보로 한다. B가 빌린 돈을 제때 갚지 못하면 A는 돈을 빌려줄 당시 담보로 했던 B의 차량을 압류한다. A가 자신의 차량이 아닌 B의 차량을 운행하면서(혹은 다른 사람에게 판매) 속도위반을 하거나 주차단속에 걸려도 과태료는 차량 소유자인 B에게 전가된다. 행위자와 책임자가 다른 것이다. 그래서 법적 다툼의 여지가 생긴다.

내가 굳이 불법 차량인 대포차를 설명한 이유는 책임보험 때문이다. 어떤 차량이든 책임보험에 가입돼 있어야 한다고 설명했다. A는 자신의 차량이 아니기 때문에 돈 드는 책임보험에 가입하지 않을 가능성도 있다. 이러면 책임보험에 가입하지 않은 B가 과태료를 물게 된다.

한편 자동차 사고가 나면 사고 당시 차량 운행자가 책임을 져야 한다. 만약 자동차 사고로 인명 피해가 발생했는데 책임보험조차 가입하지 않았다면 가해자는 차치하더라도 피해자는 제대로 된 구제를 받지 못한다. 특히 인명 사고 발생시 보상받을 길이 막막하다. 가해자는 이에 대해 끝까지 책임져야 하며 엄청난 비용이 들어간다. 대개 대포차로 사고 내고 차를 버리고 도망가는 것이 바로 이 때문이다. 그래서 대포차 운행자들도 책임보험은 가입한다.

앞서 유능했던 자동차 보험영업자는 나름의 소신이 있었다. 대포차를 보험 가입 없이 그냥 타고 다니다 사고가 발생하면 자신뿐만 아니라 상대방에게도 치명적인 손해를 끼칠 수 있기 때문에 반드시 책임보험을 들어야 한다고 생각했다. 나름 대포차 보험시장에서는 멘토이자 전문가였다. 사고 발생돼도 억울한 피해자 없이 사고 처리도 가능하도록 잘 도운 셈이다. 물론 보험 가입자 유치는 정상 차량이 더 많았다.

어쨌든 아무리 좋은 개인적 신념이라도 불법적 요소가 개입된다면 책임져야 한다. 그 자동차 보험영업자는 대포차 보험가입 과정에서 불법적 요소가 발생하여 결국 구속됐다. 그동안 보험 성적이 지점

내 1등이었고 몇 년간 매달 큰 소득을 누렸지만 이 사건을 계기로 그는 보험영업을 더 이상 할 수 없게 되었고 소득도 '0원'이 되었다.

여기서 한 가지 주목할 점이 있다. 대포차를 타는 사람들은 암암리에 활동하는데 이 보험영업자는 어떻게 대포차 업계에서 유명한 보험 전문가가 되었느냐는 점이다. 비결은 대포차를 타는 사람과 대포차에 관심이 있는 사람들이 가입한 카페였다. 이런 카페 한 군데만 알아도 타기팅에 대한 고민이 사라진다. 이 카페 운영자는 카페에 배너 형태로 대포차 업자와 보험 업자를 모집했다. 배너 위치당 건당 20만 원에서 30만 원 이상도 받았다. 카페에 배너를 다는 것은 무제한으로 가능한 일이다. 카페 운영자 입장에서 배너 30개면 600만~900만 원이다. 여기에 카페를 통한 중고차 거래 몇 건과 공동구매만 해도 월 수천만 원 이상의 소득은 쉽다.

실제로 카페 운영자는 카페 내에서 가장 강력한 영향력과 신뢰를 받는다. 운영자가 판매하는 모든 제품과 서비스는 프리미엄이 생긴다. 왜 사람만 모아도 무제한의 소득이 가능한지 알 수 있는 대목이다. 그러나 이렇게 강력한 온라인 플랫폼이라도 불법적인 일에는 절대 사람을 모으고 활용해서는 안 된다. 아무리 좋은 취지라 하더라도 법적 테두리 안에서 펼치길 바란다.

타인에게 피해를 주는 일은 결코 끝이 좋지 않다

불법적인 일이 아니더라도 상대방에게 피해가 가는 일 역시 사업의 지속성을 해칠 수 있다. 내가 경험한 다단계 업체들은 "상대방에게 좋은 물건(혹은 서비스)을 판매하고 나도 좋은 물건을 쓴다. 좋은 물건 쓰는 것도 고마운데 너도 돈 벌고 나도 돈 벌기까지 하니 최상의 사업 방식이다"라고 홍보한다. 좋은 물건인지 좋은 서비스인지는 구매자가 느낀 주관에 따라 천차만별이니 생략하고(물론 시중 판매가보다 비싼 경우가 허다하다) 소득의 관점에서만 살펴보겠다.

최근 공정위(공정거래위원회)에서 발표한 자료에 따르면 다단계 등록 판매원 수는 870만 명이고 그중 후원수당 수령자 수는 157만 명이라고 밝혔다. 전체 다단계 판매원 중 약 18퍼센트만 후원수당(소득)을 받는 셈이다. 100명 중 82명은 1년간 단 한 푼도 벌지 못했다는 사실이다. 그것도 상위 1퍼센트가 나머지 99퍼센트보다 120배나 더 많이 받는 것으로 조사됐다. 결국 최상위 판매자를 위해 나머지 판매자들이 희생되는 사업 방식이다.

때는 20년 전으로 대학 졸업을 앞둔 방학이었다. 20년 전에 믿었던 고등학교 시절 친구의 전화 한 통을 받고 '만병통치 효능이 있다는 침대 매트리스'를 1,500만 원어치 구매한 적이 있다. 그것도 부모님께 전화해서 그들이 적어준 대본대로 읽어가며 속여서 받은 돈이다. 아들이 전화해서는 좋은 기업에 취직됐는데 당장 살 집이 없다며 원룸 보증금을 빨리 보내달라고 하는데 대출을 받아서라도 보내주지 않을 부모가 어디 있단 말인가. 지금도 그때 일을 생각하면 부모님께 죄송한 마음이 든다. 주변 친구들에게도 다단계를 소개했다가 천하의 나쁜 놈으로 낙인찍혔다. 물론 돈은 단 1원도 벌지 못했다. 지금도 변함없이 똑같은 방식으로 젊은이들과 선량한 사람들을 끌어들이고 있다.

모든 다단계 방식의 사업이 나쁘다는 것은 아니다. 일부 악덕 업체의 문제일 수 있다. 그러나 그 일부가 망치는 선량한 사람의 숫자는 결코 적지 않다. 자신의 이득을 위해 무고한 타인 한 명을 속이는 것은 그 한 명뿐만 아니라 그의 가족 전체를 속이고 고통을 주는 것이다. 백만장자의 꿈은 올바른 방향으로 성장하는 데에서 찾아야지 남의 희생을 통해 찾는 것은 자칫 범죄보다 더 나쁜 결과를 초래할 수 있다.

당장 유익한 제품이나 서비스가 없다면 판매하지 않으면 된다. 돈 때문에 양심을 팔지 말자. 결국 모든 일의 행위자는 결과까지 예상하고 책임져야 한다. 정말 어려운 것은 당장의 형편이 아니라 성장 가능성 없는 자신 때문이다. 돈 벌려면 공부해야 한다. 돈에 환장한 사람이라면 공부하는 게 정상이다.

차별화_
조금 개선했을 때 불편함이 해소되는 아이템인가

사업으로 매달 1,000만 원 이상 큰 소득을 꾸준히 벌고 싶다면 알아야 할 절대 원칙이 있다. 타인을 만족시켜야 한다는 것이다. 대다수의 사람은 사업에 성공하려면 반드시 획기적인 아이템이 있어야 한다고 생각한다. 획기적인 아이템이 없기 때문에 창업을 망설이거나 포기하는 경우는 차라리 낫다. 그냥 '돈만 투자하면 어떻게든 되겠지'라는 안일한 생각으로 상당한 비용을 투자해서 창업하는 경우가 문제다.

세상에 한 번도 선보인 적 없는 독창적 아이템, 세상에 나타나자마자 어떤 분야의 판도를 뒤집는 획기적인 아이템을 가진 사람이 세상에 과연 몇 명이나 있을까. 가령 당신이 이런 엄청난 아이디어가 있다 해도 실현시키기 위해서는 상당한 비용이 든다. 대기업에 아이디어를 제안했다가 한 푼도 못 받고 오히려 아이디어를 뺏기기도 한다. 어쨌든 세상에 나올 만한 것은 다 나와 있다고 생각하는 것이 편하다.

타인의 불편함을 해소해주는 아이템에 주목하라

사업 아이템은 사람들이 불편해하거나 문제라고 생각하는 것들 중에서 찾는 것이 기본이다. 게다가 1명이 불편해하는 것보다 1,000명이 불편해하는 것을 찾는 게 더 낫다. 다시 말해 이미 출시된 아이템이나 아이디어 중에서 개선하거나 바꿀 부분을 찾는 것이 쉽게 성공하는 비결이다.

나는 회사 다닐 때 4년 넘게 목과 어깨 통증에 시달렸다. 앉으나 서나 어깨와 목을 주무르느라 일에 집중할 수 없을 정도였다. 병원은 물론 한의원에서 침도 맞고 좋다는 약도 먹어보고 체외 충격파 치료도 받아봤지만 낫지 않았다. 아픈 부위를 칼로 도려내고 싶을 정도로 통증이 심했다.

그런데 어느 날 타 부서 부장이 지나가는 말로 "모니터가 너무 낮아. 눈높이랑 맞아야 해"라고 말했다. 지푸라기라도 잡는 심정으로 모니터 밑에 책을 쌓아서 높이만 높였는데 며칠 만에 통증이 상당히 개선되고 편해졌다. 나중에 알고 보니 그 부장은 집에서 직접 모니터 받침을 나무로 제작해서 사내에서 판매도 하고 있었다. 판매량은 수십 개 수준이어서 큰 벌이는 되지 않았다. 그보다는 어깨와 목 통증에 시달리는 직원들에게 좋은 방법을 널리 알리는 데 보람을 느끼는 듯했다. 부장은 당연히 아는 사실을 스치듯 말한 것이지만 나처럼 원인을 몰라 통증에 시달렸던 사람에게는 삶의 질이 달라지는 결정적 지식이었다.

모니터 받침대는 재능이나 전문기술이 필요한 제품군이 아니다. 자신을 포함해 모든 직장인이 겪는 불편을 해소시킬 방법을 고민하고 찾아낸 해결법을 실천했을 뿐이다. 자신이 겪은 불편함만 해결할 수 있어도 타인에게 생각보다 훨씬 큰 만족을 줄 수 있다.

기회는 곳곳에 있다. 아니, 바로 옆에 있다. 당장 자신이 어려워하는 일, 하기 싫은 일을 떠올려 보라. 불편하고 결핍됐기 때문에 이를 해결할 멋진 발견과 발명이 나온다. 사람들이 무언가 불편해하는 것을 해결해주면 돈이 된다. 사업을 재미있고 안정적으로 펼칠 기회가 된다. 수년간 머리를 짜내며 획기적인 아이템을 기획하지 않아도 된다는 말이다.

타인이 어려워하고 꺼리는 아이템에 주목하라

길지 않은 준비기간만으로도 사업적 소득이 가능한 방법이 있다. 자신이 일하는 분야 관련 커뮤니티를 만들어 직업을 제공하는 방식을 바꿔보는 것이다. 간단한 예를 살펴보자.

정보 TV프로그램에서 세탁기 청소하는 사람이 출연했다. 가정집에 방문하여 주부가 보는 앞에서 세탁기를 분해했다. 그랬더니 겉으로는 깨끗하고 멀쩡했는데 분해된 세탁기 내부에는 온통 시커먼 곰팡이 천국이었다. 이러니 옷을 아무리 깨끗하게 빨아 입고 좋은 음식을 먹어도 건강이 좋을 리 없다는 설명이 등장한다. 암 같은 무서운 질병이나 면역력이 약한 아이들이 천식, 아토피를 달고 사는 것도 이 때문이라는 전문가의 설명이 나오자 시청자들의 공포심은 눈덩이처럼 커져만 간다. 나부터도 그 방송을 보고 경악하며 주변 세탁기 청소업체의 전화번호를 찾기 시작했다.

온라인 플랫폼으로 사업하는 내가 보기에 세탁기 청소업은 사무직보다 훨씬 전망이 밝은 직종이며 훌륭한 사업 아이템이다. 방송에 출연한 세탁기 청소업자는 월 소득 500만 원 이상이라고 밝혔다.

이 직업을 내가 바라보는 사업의 기준으로 살펴보겠다. 90살 넘게 할 수 있는 일인지, 내가 항상 활동하지 않아도 소득이 발생되는 일인지 말이다. 일단 내가 보기에 세탁기 청소업에 종사하는 사람의 연령대는 50대 중후반으로 보였다. 수년간 세탁기 청소업을 해왔으니 전문성이 있어서 쉽게 쉽게 하는 듯 보이지만 어쨌든 땀나는 일이며 반드시 자신이 움직여야 한다. 60대를 지나 70대 혹은 80대가 되면 어쩔 수 없이 일하기 힘들어진다.

내가 만약 세탁기 청소업자라면 가전제품 청소 커뮤니티를 계획해서 구축하고 거기서 가전제품 청소 창업 교육을 할 것이다. 월 소득 500만 원 이상도 가능한 일이니 온라인으로 모집한 수강생들에게 교육비용으로 최소 몇 백만 원 이상 받을 수 있다. 90퍼센트 이상이 5년 내 폐업하는 현재의 개인 창업 시장을 봤을 때 창업 희망자들은 상당히 많이 나올 것이다. 한 달 10명만 교육한다면 수천만 원 이상의 소득도 충분히 가능하다. 교육은 힘이 닿는 한, 내 의욕이 닿는 한 끝없이 할 수 있다는 장점이 있다. 물론 그전에 기존의 방식보다 소득 수준이 수십 배 이상 개선됐으니 적당한 시기에 은퇴하면 된다.

자신의 몸을 움직여서 매번 돈을 버는 기존의 낡은 시스템과 온라인 커뮤니티로 사람을 모아서 교육을 통해 돈을 버는 것, 일일이 영업활동을 하고 집집마다 방문하여 을(乙)로서 세탁기를 뜯고 청소해주고 돈을 버는 것과 청소업을 창업의 도구로 활용하여 수강생들에게 교육하고 선생으로 대접받으면서 돈을 버는 것은 같은 청소업이라도 소득은 물론이고 삶의 질에서 차원이 다르다.

또 다른 경우도 있다. 아파트 단지 내 비둘기의 접근을 막고 비둘기 분변을 제거해주고 월 2,000만 원 넘게 매출을 올리는 사람도 전파를 탄 적이 있다. 이 사람은 사업에 망하고 아파트 경비로 들어간 사례다. 아파트 경비로 5년간 근무한 곳은 입주민들이 유독 비둘기에 의한 피해가 컸던 단지였다. 입주민들은 수많은 비둘기들의 날개 짓으로 해충이나 진드기 같은 것들이 집 안으로 날아들고 아파트 베란다에 쌓인 비둘기 분변으로 악취가 심하여 베란다나 창문을 열어놓을 엄두도 내지 못했다.

기존에 사업을 했던 경험 때문인지 입주민들이 비둘기로 인해 불편해하는 점을 정확히 파악하여 사업 아이템으로 연결한 것이 맞아떨어졌다. 먼저 이 사업은 화학약품으로 쌓여 있던 비둘기 분변을 제거하고 이후 간단한 장비를 사용해서 베란다에 비둘기가 더 이상 접근하지 못하도록 망을 설치하는 것인데, 전국적으로 접수가 이어지고 있었다.

이 사업 아이템도 마찬가지다. 비둘기 접근과 분변 제거라는 직업 특성상 높은 곳에서 작업해야 하므로 노후까지 하기는 쉽지 않다. 온라인 커뮤니티로 회원을 모아서 간단한 교육과 실습을 통해 얼마든지 자신이 직접 현장에서 일을 하지 않아도 해당 분야에서 존경받으며 평생 전문가로 활동하며 큰 소득이 가능할 수 있다.

어떤 직업이든 온라인 플랫폼을 활용하여 자신이 직접 움직이지 않고도 소득의 제한 없이 돈을 벌면서 해당 분야의 존경받는 전문가로 입지를 확고히 다질 수 있다.

브랜드_
자신만의 브랜드가 될 수 있는가

세탁기 청소, 비둘기 분변 제거, 스마트폰이나 시계 수리, 운동화 수선, 김치찌개 집 운영 등을 하면서 해당 분야 전문가로 존경받으면서 안정적으로 자리 잡는 것은 결코 쉬운 일이 아니다. 여기서 '자리'는 곧 소득을 말한다.

온라인 플랫폼으로 '나'를 알려라

설민석 강사는 '재미있고 사명감 있는 역사 선생님'으로 불리며 각광받고 있다. 그가 역사 분야에서 최고로 많은 지식과 최고로 많은 연구성과가 있어서가 아니다. 자신의 브랜드가 있기 때문에 가능한 일이다. 브랜드는 나를 아는 사람들의 숫자에 달렸다고 해도 과언이 아니다. 운동화 하면 나이키를, 두통 하면 펜잘이나 게보린을 떠올린다.

이게 브랜드다. 나이키를 아는 사람이 전 세계에 100명밖에 없다면 브랜드가 되지 못한다. 사람들이 많이 알수록 브랜드 가치가 올라간다. 처음은 미약하지만 꾸준히 자신의 일을 하며 자신의 브랜드를 만들어 놔야 내 소득과 위치가 점점 더 높아지고 확고해진다. 이 모든 것을 해결해주는 것이 바로 온라인 플랫폼이다.

브랜드는 시간으로 만든다. 브랜드는 개인에게 막대한 소득을 가능케 하는 핵심 요소다. 개인으로서 누가 한 분야를 잘 팠는지 잘 버텼는지의 싸움과 같다. 개인의 브랜드, 즉 퍼스널 브랜드(Personal brand)는 사업을 지켜주는 옹벽이다.

꾸준함으로 승부하라

시장에는 무수히 많은 경쟁자가 나타나고 또 사라진다. 무수히 사라지는 사람 중 하나일지 끝까지 살아남아 철벽을 쌓아가는 사람일지는 꾸준함이 결정한다. 경쟁자, 즉 타인을 신경 쓰는 사람은 하수다. 경쟁자가 계속 등장하는 것은 환영할 일이다. 건전한 경쟁자가 많아지면 시장의 파이가 커지기 때문이다

세탁기 청소에 대한 사람들의 반응이 냉소적이라면 청소업 시장에서 파고들 자리가 없다. 이런 관점에서 시장을 흐리는 경쟁자가 있다. 세탁기 청소를 잘 알지도 못하고 대충 해줘서 소비자 불만과 피해 사례를 만드는 경쟁자는 스스로를 도태시키면서 세탁기 청소 시장도 축소시키는 책임감 없는 사람이다.

속이 익지 않아서 한입 베어 물으니 바삭하기는커녕 빨간 피가 주

르륵 흘러내리는 치킨을 배달하는 치킨집이 있다고 해보자. 이런 치킨집이 한두 군데라면 그곳들만 망하면 그만인데 이런 집들이 수십 군데 이상이라면 괴담 수준으로 치킨집에 대한 두려움이 커질 수 있다. 자신도 익지 않아서 빨간 피가 흐르는 치킨을 먹을 수 있기 때문이다. 차라리 좀더 비싸더라도 족발을 시켜먹어야겠다는 인식이 생기는 순간 치킨 시장은 확 좁혀지게 된다.

자신이 좋아하고 열정을 마음껏 발산할 만한 분야나 아이템을 노트에 적어보자. 그리고 온라인 플랫폼에 콘셉트로 녹여내면 된다. 적는 순간 이미 당신의 인생은 변화된다.

콘텐츠_ 두 가지 이상의 지식 사업 아이템이 있는가

돼지콜레라, 조류인플루엔자(AI)에 대해서 들어본 적 있을 것이다. 불가항력적인 외부 환경 요소다. 소비자라면 안 사 먹으면 그만인데 이를 주재료로 하는 자영업 식당들인 삼겹살집이나 치킨집은 이런 사태가 벌어지면 매출이 급감하기 때문에 며칠 만에 폐업까지 고민하게 된다.

한창 대유행을 타던 대만 대왕 카스텔라도 한 방송사에서 '식용유를 퍼부은 먹지 못할 쓰레기 빵'이라는 프레임을 씌우는 바람에 한순간에 매출의 90퍼센트 이상 급감했고 지금은 거의 사라졌다. 조류인플루엔자로 인해 달걀을 주재료로 하는 빵집이 전체적으로 어려운 시기와 맞물려 30곳 중 20곳이 공중분해되었다.

외부 환경 요인은 개인이 통제할 수 없다

한때 잘나가다 사라진 외식업 프랜차이즈는 많다. 그렇지만 그냥 인기가 식고 한철 장사였기 때문에 사라졌던 안동찜닭이나 버블티 등과 비교하면 대만 대왕 카스텔라 사례는 다르다. 조류인플루엔자라는 불가항력적 요소와 방송사의 저격에 의해 한순간에 무너진 것이다. 개인이든 프랜차이즈 본사는 언제든 이러한 예측 불가능한 외부 환경에 속수무책으로 무너질 수 있다.

같은 사업 아이템을 더욱 업그레이드시켜 등장하는 경쟁자는 사업에 영향을 미치는 외부 환경 요소라 할 수 있다. 일본 프랜차이즈 모스버거는 일본 내 매장이 1,400여 개나 된다. 모스버거는 대만으로 지점을 넓혔고 약 260개가 넘으면서 큰 인기를 누리고 있다. 전문가들은 대만 사람들이 일본 브랜드에 대해 상당히 우호적이라는 점을 인기 요인으로 꼽는다. 만약 대만 사람들이 일본 브랜드에 대한 신뢰가 사라진다면 아무리 인기 있던 모스버거라 할지라도 매출에 큰 타격을 받게 될 것이다.

대만 프랜차이즈 브랜드인 '공차'와 '딘타이펑'은 한국 내에서 성공했다고 평가받는다. 현재 '공차'는 한국 내 매장이 400여 개 개설되어 있다. 딤섬으로 유명한 '딘타이펑'도 서울 명동점을 비롯해 국내 주요 도시에 개설되어 있다. 하지만 대만에 대한 한국인의 감정이 나빠진다면 매출에 타격을 입는 것은 당연하다.

외부 환경은 잘나가던 사업을 한순간에 휩쓸어버리기도 하고 반대로 쑥쑥 키우기도 한다. 문제는 이런 외부 환경은 개인이 어찌할 수 없다는 것에 있다. 이번 달엔 순소득 1,000만 원 이상이었지만 다음 달에는 폐업을 고민할 수도 있다.

플랫폼 사업은 위기에 강하다

가장 흔한 외부 위험요인은 비슷한 경쟁자의 등장이다. 당신 가게 바로 옆에 당신 가게보다 좀더 나아 보이는 경쟁 가게가 등장하면 어떻게 할 텐가. 나라면 관둔다. 애초에 하지도 않는다.

평범한 사람이 사업에 어려움을 겪는 이유는 해당 분야에서 상위 10퍼센트 안에 드는 실력이 없기 때문이다. 확실한 실력이 있다면 어려움을 타개할 해결 방안을 만들어낼 수 있지만 보통은 리스크 관리 능력 자체가 없다. 멍하게 상황만 탓하고 말뿐이다. 무엇보다 심리적으로 견디기 힘들다. 창업한 대다수가 그렇다는 것이 현실이다.

개인은 발생된 상황을 전부 통제하지 못한다. 사업은 일부만 통제하지 못해도 즉각적으로 빨간불이 켜진다. 실패 부담이 없는 사업이라면 경험 삼아 여러 가지 것들을 해봐도 상관없다. 그런 의미에서 '지식을 파는 사업'을 권장한다.

내 지식과 경험으로 사업을 하면 돼지 콜레라나 조류인플루엔자가 발생했다고 하루아침에 매출 90퍼센트가 급감할 일도 없다. 옆집에 경쟁자가 등장해도 괜찮다. 지식은 변질되지 않으며 개인의 성장에 월등한 영향력을 발휘한다.

한 분야의 지식과 경험 말고 최소 두 가지 이상으로 사업 아이템을 구성하면 된다. 사업 아이템이 한 가지뿐이라면 그것이 타격을 입었을 때 사업이 한순간에 무너진다. 위장이 아니라 포장도 중요하다. 포장은 판매의 기본이다.

세계 57개국에 만화 <딜버트(Dilbert)>를 연재하는 스콧 애덤스는 보통사람이 천재를 이기는 방법은 두 가지 분야에서 상위 25퍼센트 안에 드는 것이라고 했다.

> "나는 만화가인 탓에 대부분의 사람들보다 그림을 잘 그린다. 하지만 나는 피카소나 고흐는 아니다. 또 나는 코미디언처럼 웃기진 않지만 다른 사람들보다 유머 감각이 뛰어난 편이다. 이 두 가지가 조합된 덕분에 내 만화는 평범하지 않을 수 있었다. 여기에 내 사업 경험까지 추가하여 나는 세상에서 매우 찾기 어려운 만화가가 된다. 천재가 되기란 어렵지만 천재와 싸워 이길 수 있는 방법은 있다. 이것이 우리가 살아가는 세상의 가장 큰 매력이다"
>
> — 팀 패리스, 《타이탄의 도구들》

어떤 분야든 1등이 되는 것은 현실적으로 쉽지 않다. 1등은 단 한 명이기 때문이다. 그런데 1등을 이기고 항상 상위권에 드는 방법이 있다. 바로 여러 분야에서 상위권에 드는 것이다.

그런 의미에서 온라인 채널을 두 가지 이상 활용하여 지식을 파는 것도 훌륭한 전략이다. 당신이 영어 강사라면 수강생들에게 선택받기 위해서 영상과 글을 동시에 활용할 것을 권한다. 카페를 만들어 글을 쓰고, 이 글을 스크립트로 하여 영상을 제작하여 유튜브에 업로드하면 된다. 두 군데 이상의 온라인 채널을 활용하는 것은 하나의 콘텐츠를 여러 번 사용하는 것과 같다. 음식을 1인분만 만들었는데 1만 명이 먹게 하는 것과 같으니 엄청난 효율이 아닌가. 영상만 해도 유튜브, 네이버TV, 블로그, 카페, 페이스 북 등 어디에도 올릴 수 있다. 나도 칼럼을 카페뿐만 아니라 블로그에도 올린다. 멀티유즈는 개인의 브랜딩과 고소득을 확실히 앞당긴다.

4장

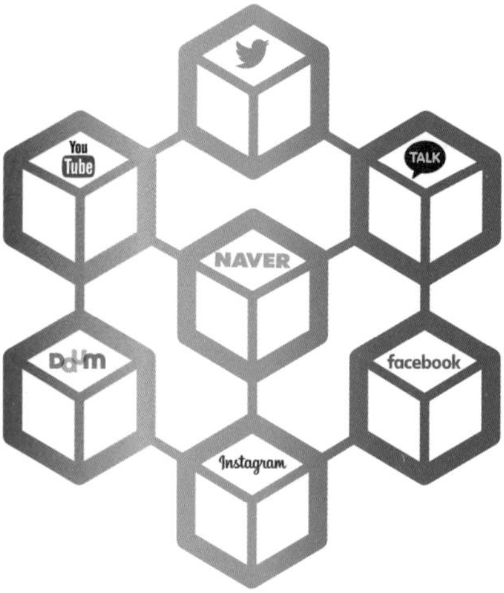

수익을
창출하는
플랫폼 구축

온라인 카페는 플랫폼 사업에 가장 적합하다

플랫폼은 무대다. 이 플랫폼은 사람과 사람이 만나는 곳이다(사람들이 모이는 곳이니 커뮤니티이기도 하다). 사람과 기업이 만나기도 하며 사람과 제품이 만나기도 한다. 판매자와 소비자가 만나는 곳이 플랫폼이라고 이해하면 편하다. 카페나 블로그, 유튜브, 인스타그램, 페이스북, 카카오톡 같은 온라인 플랫폼을 통해 사람과 사람이 만나고 있다. 수많은 온라인 플랫폼 중 이 책에서는 네이버 카페를 다룬다.

나는 네이버 카페를 통해 하루 1시간만 일하고 매달 1,000만 원 이상의 소득을 벌고 있다. 온라인 플랫폼 사업치고 이 정도 수익은 약과다. 부동산 투자를 주제로 강의와 컨설팅을 하는 카페의 경우 운영자의 수익은 월 1억 원이 넘는 곳이 많다. 1인당 수강료가 500만 원이 넘는데 매달 수강생 20~30명은 기본이다. 심지어 책쓰기 카페의 경우,

해당 카페의 운영자가 한 해 매출이 30억 원이 넘는다고 직접 밝히기도 했다. 개인이 운영자인 온라인 카페는 단 한 군데라도 구멍가게 수준이 아니라 기업 수준이다. 이제 기업 형태가 아니더라도 1인 사업가인 개인이 온라인 플랫폼을 통해 할 수 있는 일이 많아진 시대다.

개인이 스스로 직업을 창출하는 것은 쉬운 일이 아니다. 그러나 개인도 얼마든지 자신의 직업을 창출하여 기업과 같은 소득을 벌 수 있다. 이런 꿈같은 일을 이루어주는 도구가 바로 네이버 카페다. 현재는 페이스북, 인스타그램, 유튜브 등이 온라인 시장을 점령한 듯이 보인다. 책을 쓰는 작가들도 신간 홍보 수단으로 네이버 카페보다는 SNS와 유튜브를 활용한다. 이러한 채널들은 단기간 엄청난 확산과 폭발력을 보이기 때문이다.

그러나 실제 구매 전환율 면에서는 좋은 스코어를 기록하지 못하는 경우가 많다. SNS 특성상 임팩트 있는 말 한마디나 꼭 자신의 이야기 같은 콘텐츠들이 확산은 잘되지만 구매까지 이어지지는 않는다는 것이다. 다른 임팩트 있고 충격적인 메시지가 너무 많기 때문에 단순히 한두 가지 임팩트를 준다고 해서 내 책이나 제품을 구매하는 행동으로까지 이어지지는 않는다.

반면 네이버 카페는 구매 전환율에서 상당히 높은 스코어를 자랑한다. 그럼에도 어느 정도 궤도까지 구축하는 것 자체가 어려워서 기피하는 경향이 있다. 네이버 카페 운영만 10년 이상째인 나로서는 사람들의 이런 인식이 오히려 고맙다. 사람들이 어렵다고 하는 일에 반드시 기회가 있다고 생각하기 때문이다.

경험이 없는 개인에게 네이버 카페는 난공불락의 요새처럼 보인다. 카페 구축 단계부터 카페 규모를 키우는 과정만으로도 복잡하고 어려운데 추후 이를 이용해 수익화까지 하는 길은 그야말로 멀고도 험해 보인다. 이런 고정관념들과 더불어 네이버 카페 만들기 관련해서 다수의 강의도 존재하는데 실제적으로 도움을 주는 강의는 찾기가 어렵다. 수많은 강의를 들어도 결국 수익화를 못하고 포기하게 된다.

결국 온라인 세상에서 네이버 카페는 골치 아픈 존재이고 마침 새로운 온라인 채널들도 많이 생겨났으니 사장되는 분위기도 감지된다. 실제로 유통만 수십 년째 하고 있는 전문가 중의 전문가인 어느 회사 대표조차 개설한 네이버 카페 회원 수는 몇 백 명 수준이었다. 수천 명 또는 수만 명 이상의 네이버 카페를 만들어내는 것은 그다지 어려운 일이 아님에도 정확한 길을 아는 사람이 드물다.

왜 네이버 카페인가?

1인 사업가가 온라인 플랫폼인 네이버 카페를 활용하여 단기간에 월 수천만 원 소득이 가능한 네 가지 이유를 알아보자. 그전에 카페를 통해 우리가 아무런 비용 없이 무엇을 할 수 있는지 간단히 살펴보겠다.

- **판매:** 광고비 없이 카페를 통해 수십만 명 이상에게 판매하는 것만으로 월 수백만 원에서 1,000만 원 이상의 소득을 올릴 수 있다.
- **상위 노출:** 광고비 없이 네이버 키워드 검색시 블로그와 더불어

카페 콘텐츠는 꾸준히 상단에 노출될 기회를 갖는다.

- **콘텐츠 배포:** 자신의 카페는 물론 타인의 카페에 광고비 없이 콘텐츠를 배포하여 언제든 원하는 정보를 수십만 명 이상에게 노출시킬 수 있다.

플랫폼 창업가는 제대로 된 카페의 활용만으로 아무런 비용 없이 엄청난 광고 효과와 고소득의 기회를 갖게 된다. 그럼 어떻게 이런 비즈니스가 가능한지 네 가지 근거를 살펴보겠다.

실제 존재하는 유효 트래픽

카페에 가입한 회원은 '실제 존재하는 사람'이다. 실제 존재하는 사람만이 정보를 수용하고 거래할 수 있다. 아무 정보나 입력하여 가입할 수 있는 대다수 온라인 채널들에 비해 신뢰도가 월등히 높다. 수많은 온라인 채널 중에서 유독 카페에서 폭발적 소득이 발생되는 가장 큰 이유다.

최상의 충성도

카페에 가입하기 위해서는 최소한 두 가지 경로를 거쳐야 한다. 어떤 카페인지 회원 스스로 알아봐야 하고, 회원 가입이라는 상당히 귀찮은 절차를 스스로 해야만 비로소 카페에 가입하게 된다. 네이버 카페는 다른 온라인 채널에 비할 수 없는 충성도와 정보 수용성을 보인다.

강한 유대감

충성도 높은 회원들 사이에 자발적인 게시글과 댓글을 통해 1:1소통 또는 다자간 소통이 발생한다. 이 소통으로 발생된 엄청난 양의 콘텐츠(게시글, 댓글)에는 항상 상위 노출 기회도 열려 있다. 페이스북, 인스타그램, 블로그라면 운영자만 글을 쓸 수 있지만, 카페는 누구나 글을 쓸 수 있기 때문에 언제나 콘텐츠가 자발적으로 생겨난다. 이런 과정을 통해 열성 회원이든 활동이 없는 눈팅 회원이든 카페에 대한 소속감과 유대감이 높아진다. 약한 유대에서 자발적으로 강한 유대를 갖는 집단으로 바뀐다.

보장된 도달률

카페는 신규회원이 꾸준히 유입되어야 규모를 키울 수 있다. 그러나 회원 가입률이 0퍼센트라고 하더라도, 즉 외부 유입이 전혀 없더라도 기존 회원들만으로 언제든 원하는 정보를 노출시키며 안정적 트래픽 확보가 가능하다.

크라이슬러 자동차의 설립자인 월터 크라이슬러는 "수많은 사람이 인생에서 절대 출세하지 못하는 이유는 기회가 문을 두드렸을 때 뒤뜰에 나가 네 잎 클로버를 찾기 때문이다"라고 했다. 지금 온라인 플랫폼을 만드는 것은 기회를 잡는 것이다. 그리고 온라인 플랫폼의 운영자가 된다면 앞으로는 기회를 스스로 만들 수 있다.

네이버 카페 운영자가 되는 방법 두 가지

네이버 카페를 통해 언제든 폭발적 소득이 가능한 플랫폼 사업가가 될 수 있다. 네이버 카페를 만드는 방법에는 크게 타인의 카페를 양도받아서 개조하는 방법과 처음부터 직접 만드는 방법이 있다.

타인의 카페를 양도받은 후 개조하는 방법

네이버 카페에서 메뉴상 운영자의 공식 명칭은 '매니저'(다음카페는 '카페지기')다. 이 매니저 권한을 타인에게 양도할 수 있는 기능이 있다. <그림1>은 네이버 카페 창이다. '카페 관리' 메뉴(❶)로 들어가면 '매니저 위임'(❷) 기능이 있다. '매니저 위임' 메뉴를 클릭하면 매니저 권한을 양수받을 ID를 적을 수 있다.

<그림 2>는 매니저 위임 메뉴를 클릭했을 때 나타나는 화면이다. 중요한 것은 ❷와 ❸의 내용이다. 먼저 ❷에 대해 설명하면, 매니저 권한을 양수받을 ID를 선택하고 하단의 '매니저 위임하기' 버튼을 클릭

〈그림 1〉 네이버 카페 창

해도 바로 매니저의 권한이 상대방에게 넘어가는 것이 아니다. 타인이 매니저 권한을 받기까지 총 14일간의 유예기간이 주어지며 이 유예기간 내에 매니저 위임하기는 얼마든지 취소가 가능하다.

❸에 대해 설명하면, 매니저 ID의 해킹이나 매니저 권한을 상업적으로 매매하는 것은 네이버 정책상 허용되지 않는다. 이러한 일이 발생될 경우 해당 ID는 접속 불가 등의 제재를 받을 수 있다. 본인이 모르는 상황에서 매니저 권한이 타인에게 넘어갔다면 네이버 고객센터에 전화하여 도움을 요청할 수 있다. 이외에도 네이버 관련 문제나 오류는 네이버 고객센터에 문의하는 것이 좋다. 생각보다 처리속도가 빠르고 정확하다.

매니저 권한을 위임받으면 자신의 입맛에 맞게 카페를 개조하여 사용할 수 있다. 타인의 카페를 양도받는 이유는 여러 가지가 있지만 가장 큰 이유는 상위 노출 보장, 기존 회원 수 확보, 카페를 만드는 초반의 어려움 극복이라는 장점 때문이다.

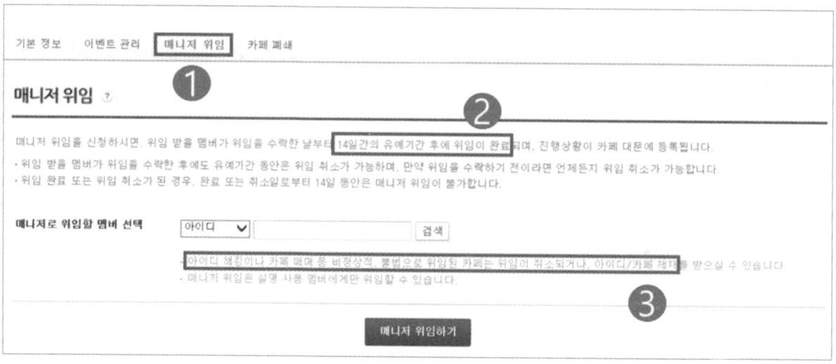

〈그림 2〉 매니저 위임 탭

양수받은 카페가 상위 노출이 잘되는 카페라면 주제를 바꿔도 상위 노출이 잘된다(이 부분은 네이버의 정책에 따라 바뀔 수 있다). 카페에 게시글을 썼을 때 상위 노출이 잘되면 신규회원의 유치에 용이하다. 카페는 보유 회원이 많을수록 신규 회원의 유입도 원활하다. 신규 회원의 입장에서 보면 회원 수 1명인 카페보다 회원 수 1만 명인 카페에 가입하는 것이 당연하다. 초반에 운영자가 회원 유치능력과 운영 노하우가 없으면 시간이 오래 걸린다. 초반의 답답함을 극복하고 바로 자신의 사업 목적을 달성하기 위해 타인의 카페를 양도받아서 시작하는 경우가 많다.

카페를 사고파는 중간 브로커는 최대한 싸게 카페를 매입한 후 셀클럽과 같은 온라인 마케팅 커뮤니티에서 비싸게 판매한다. 예를 들어 카페의 회원 수가 1만 명 이상이지만 회원 활동은 없는 '죽어 있는' 카페를 5만 원에서 10만 원으로 매입한 후, 회원 수 1만 명 이상의 카페가 필요한 사람에게 50만 원에서 100만 원 이상에 파는 것이다.

사실 매입할 때에는 어떻게든 이유를 붙여 저렴한 값에 구매한 후, 어느 정도 손을 보거나 포장하여 비싸게 파는 것은 영업에서는 상식이다. 중고차, 중고 핸드폰, 중고 컴퓨터, 오래된 건물이나 집 등을 싸게 매입하여 간단한 수리와 광을 내는 작업을 통해 좀더 가치를 높이는 것과 같다. 어쨌든 네이버 정책상 돈거래를 통해 카페를 양도, 양수하는 행위는 허용되지 않는다. 참고로 네이버 대표 카페에 선정되는 기준 중에 카페 매니저(운영자)가 바뀐 곳은 대표 카페 선정에서 제외된다.

자신이 직접 만드는 방법

가장 일반적인 방법이다. 나도 이 방식으로 카페를 수십 개 넘게 만들고 키웠다. 수많은 실패와 성공을 거듭하며 실패하지 않는 노하우를 쌓아왔고 많은 사람에게 카페를 구축하고 수익화하는 방법을 알려주고 있다. 카페 주제에 따라 카페를 구축하여 안정화시키는 단계가 빠르거나 느릴 뿐 만들지 못하는 카페는 단언컨대 없다. 카페를 통해 성공하는 데 있어서 빠르고 느린 것은 크게 상관이 없다. 문제는 누가 멀리 가느냐다.

누가 빨리 만드느냐도 분명 중요한 문제다. 펩시가 코카콜라를 넘어서지 못하고, KT가 SK텔레콤을 넘어서지 못하는 것처럼 선점의 효과는 분명 크기 때문이다. 그러나 이미 네이버 카페는 1,000만 개가 넘는다. 일반적으로 생각하는 주제나 당신의 아이디어는 이미 시장에 나와 있을 가능성이 크다는 말이다. 그러나 걱정할 필요 없다. 기존 카페의 유무와 상관없이 얼마든지 자신의 카페를 만들 수 있고 수익화할 수 있다.

그다음 항목에서 카페 개설 목적 정하는 단계부터 활성화 단계까지 다루고 있으니 참고하자. 여기서는 기본적인 과정 중 헷갈리는 부분을 간단히 짚어보겠다.

네이버 홈페이지 화면에 보면 〈그림 3〉과 같이 '카페' 메뉴가 보인다. 클릭한다.

그럼 〈그림 4〉와 같이 대망의 '카페 만들기' 버튼이 큼지막하게 나온다.

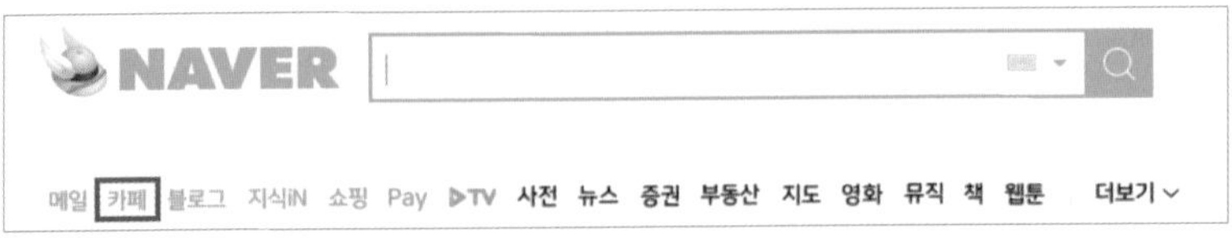

〈그림 3〉 네이버 카테고리

〈그림 5〉는 '카페 만들기' 버튼을 클릭하면 나타나는 화면이다. ❶부터 ❼까지 차례대로 간략히 설명하겠다.

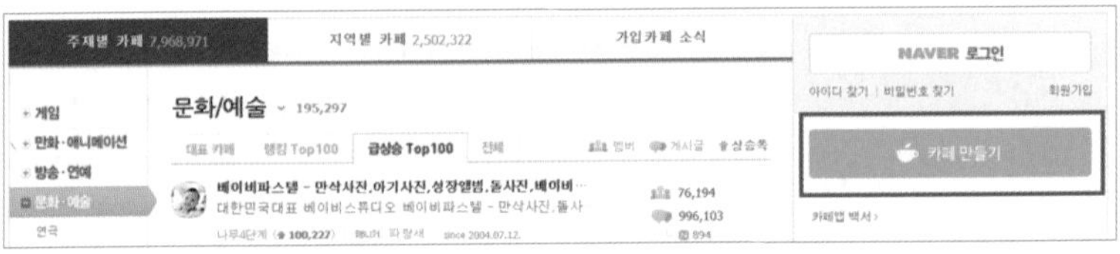

〈그림 4〉

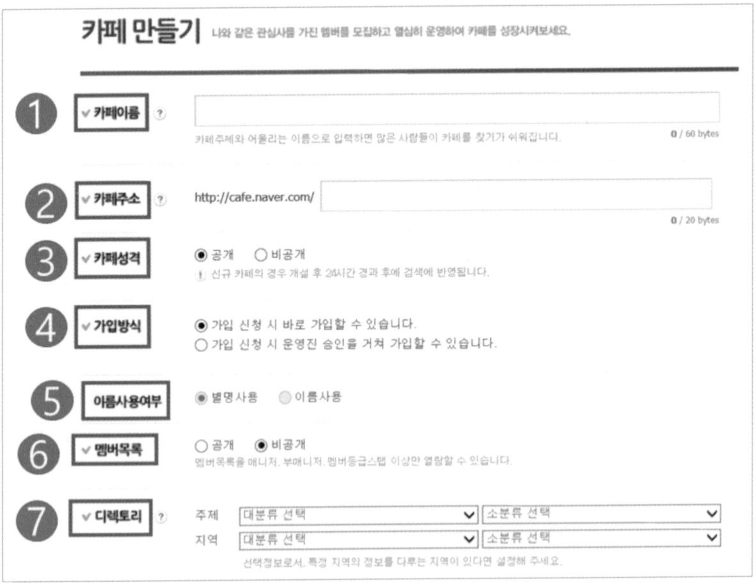

〈그림 5〉 카페 만들기 창 1

❶ 카페이름 짓기다. 카페를 만드는 사람이 가장 많이 고민하는 단계다. 세상에서 가장 참신하고 창의적인 제목을 지으려 하거나 가장 멋진 제목을 짓고 싶어 하기 때문에 고민은 깊어진다. 카페의 제목은 이 카페가 과연 무엇을 하는 카페인지 나타내는 것이 가장 중요하다. 예를 들어 카페 제목을 '미사모'라고 지었다면 대체 무얼하는 카페인지 도통 감이 오질 않는다. '미사모-미래를 준비하는 1인 사업가들의 모임'이라고 한다면 대략 무엇을 하는 카페인지 알기 쉽다. 카페 이름은 3개월에 한 번씩 바꿀 수 있으며 초반에는 기간에 관계없이 세 번까지 바꿀 수 있기 때문에 여유를 갖고 카페 이름을 지어도 된다.

네이버 카페에서 주제별 카페에서 '애완동물' 카테고리에 보면, 하루 새글 수 2천개가 넘는 '냥이네-고양이를 사랑하는 모임' 카페도 있고, 하루 새글 수 4,000~5,000개가 넘는 '강사모-강아지 분양' 카페도 있다. '여행' 카테고리에서 유명한 카페들도 살펴보면, '다낭 도깨비-다낭자유여행' '네일동-일본여행' '거사모-거제도 여행' 등의 카페들이 왕성한 활동을 보여주고 있다. 주로 남성들이 많이 포진해 있는 '자동차' 카페의 경우도 보면, 'BMW매니아 카페', '산타페TM 공식동호회 카페' 등이 있다. 창의적 표현보다는 직관적으로 알 수 있도록 친절한 카페명을 사용하고 있는 것을 알 수 있다.

❷ 카페 주소 쓰기다. 카페 주소는 영문으로 기입해야 한다. 카페명이 '미사모'라면 영문으로 'misamo'라고 하는 것이 일반적이다. 이런 영문명이 이미 있다면 'misamo1'처럼 숫자를 넣거나 카페 주제어

인 미래 혹은 1인 사업가 등을 나타낼 수 있는 영문명을 기입하는 것도 나쁘지 않다. 크게 중요한 값은 아니기 때문에 고민할 필요는 없지만 한 번 지정하면 다시 바꿀 기회는 없다.

❸ 카페 성격을 설정하는 메뉴다. 비공개로 하면 운영자 외에 다른 사람은 초대 기능을 통해서 가입할 수 있다. 즉 비공개로 하면 네이버나 구글 등 어떤 온라인 매체에서도 검색되지 않는다. 처음부터 공개로 설정한다.

공개로 설정하면 두려워하는 사람이 있는데 그럴 필요 없다. 아무리 좋은 카페 이름과 기획이더라도 웬만큼 활동하지 않는다면 6개월이 지나고 1년이 지나도 운영자인 당신 혼자만 카페에 있을 것이기 때문이다. 지금은 누구나 아는 10만 명 이상 규모의 카페 운영자도 동일한 과정을 거쳤다. 다시 말하지만 아무도 오지 않으니 걱정할 필요 없이 공개로 설정하면 된다.

❹ 가입 방식이다. 나중에 카페 규모가 커지면 두 번째 메뉴인 '운영진 승인 후 가입'으로 설정할 수 있지만 초반인 지금은 무조건 '가입 신청시 바로 가입'으로 둔다.

❺ 이름 사용 여부는 일반적으로 별명을 사용한다.

❻ 멤버 목록이다. 현대사회에서 개인정보는 타인이 함부로 열람하

거나 이용할 수 없다. ID도 중요한 개인 정보다. 공개로 설정해놓으면 누구나 내 카페의 회원목록을 볼 수 있다. 당연히 비공개로 설정한다.

❼ 디렉토리는 카페의 주제와 지역을 설정하는 메뉴다. 주제와 지역에 맞게 설정하면 되며 크게 고민할 필요 없는 메뉴다.

❽ 카페 검색어 메뉴다. 카페를 검색할 때 참조되는 값이다. 네이버 카페가 검색될 때 가장 먼저 참조되는 값은 카페 제목이다. 그다음이 이 카페 검색어다. 내 카페 주제에 맞는 검색어를 총 10개까지 설

〈그림 6〉 카페 만들기 창 2

정할 수 있으며 언제든 수정할 수 있다. 무엇을 설정할지 고민이라면 비슷한 분야의 타 카페에서 설정한 검색어를 참조한다.

검색어는 1차 키워드, 2차 키워드, 3차 키워드로 설정할 수 있다. 예를 들어 청바지는 1차 키워드, 스키니 청바지는 2차 키워드, 40대 스키니 청바지는 3차 키워드라고 할 수 있다. 3차 키워드가 1차 키워드보다 타기팅이 구체적이다. 구체적일수록 충성도와 구매 전환율이 높아진다.

❾ 카페 설명은 카페 검색어(❽)처럼 적극적으로 검색되는 값은 아니다. 이 카페가 무엇을 하는 카페인지 설명하는 식으로 넣으면 된다. 네이버에서 카페가 검색됐을 때 바로 하단에 노출되는 내용이기 때문에 약간은 성의 있는 설명을 넣는 것이 아무래도 좋다. 그러나 크게 고민할 필요는 없다. 언제든 바꿀 수 있기 때문이다.

나머지 카페 아이콘은 카페 이름 옆에 노출되는 이미지이기 때문에 없는 것보다 있는 것이 좋고 추후 좋은 이미지가 생각난다면 추가해주면 된다. 지름길 설정은 카페의 그룹을 설정하면 된다. 보안절차는 눈에 보이는 값을 대소문자 구분하여 입력해주면 카페 만들기의 기본 과정은 끝난다.

참고로 카페 설명(❾)과 마지막의 보안절차는 옆에 초록색 체크표시가 되어 있는데 이런 메뉴는 반드시 작성해야 하는 값이라는 것을 의미한다. 반대로 체크 표시가 없는 메뉴는 작성하지 않아도 된다는 말이다. 체크 표시가 없는 메뉴라도 중요한 값은 반드시 기입해야 한다.

당장 고민된다면 나중에 얼마든지 추가하면 되니 염려할 필요는 없다. 고수는 대충하고 간을 잘 본다. 하수는 시작부터 완벽을 추구하며 시간을 낭비한다. 다시 돌아와서 고치고 수정하면 된다.

자신이 바라는 주제의 플랫폼을 개설하라

수많은 온라인 채널 중 왜 네이버 카페인지는 앞서서 다루었다. 온라인 카페의 종류는 크게 주제별 카페와 지역별 카페로 나눌 수 있다.

게임이나 연예인, 부동산, 자동차, 육아, 쇼핑, 애완동물, 외국어, 경제, 금융, 정치, 사회 등의 같은 주제 및 분야에 관심이 있는 사람들이 온라인 카페에 모일 수 있다. 이게 주제별 카페다. 사회적 이슈나 트렌드에 맞아떨어지면 단 며칠 만에 수만 명의 회원이 모이기도 한다. 예를 들어 무슨 무슨 피해자 카페라든지 암호화폐 카페 등이 대표적 사례다. 암호화폐 카페는 보름 만에 20만 명이 넘게 가입하기도 했다.

보통 카페 회원 1만 명만 모여도 소득의 걱정이 없는 수준인데 대단한 가입율이다. 이렇게 사회적 대형 이슈가 발생하는 것은 사람들의 관심이 그만큼 폭발적이라는 이야기다. 사람들의 뜨거운 관심이

흩어지기 전에 담을 용광로가 필요하다. 온라인 카페만이 이런 그릇 역할이 가능하다. 100만명 1,000만 명 이상 제한 없이 깔끔하게 담아낼 수 있는 유일한 플랫폼이다.

또는 서울이나 제주도 등 특정 지역 사람들이 모일 수 있다. 지역별 카페다. 이 지역별 카페에서 회원들의 참여가 가장 활발한 것이 지역 맘카페다(해당 지역의 엄마들 모임). 맘카페는 지역 카페의 여왕이다. 그만큼 지역 사회활동과 지역 여론 조성 및 상업적 활동도 가장 활발하기 때문이다.

앞에서 네이버 카페 개설을 간략하게 살펴보았다. 여기서는 카페 개설 목적을 정하는 단계부터 최종적으로 운영하며 수익화 내는 단계까지 온라인 플랫폼 사업 전반을 살펴보겠다.

카페 주제 정하기

카페를 개설하기 전에 카페 분야 및 목적을 정한다. 온라인 카페 개설 자체는 간단하다. 그냥 '카페 만들기 버튼'만 누르면 된다. 그러나 막상 만들려고 하면 무슨 카페를 만들어야 할지 막막할 것이다. 다음 항목에 답해보면 어떤 카페를 만들어서 육성할 것인지 대략 실마리를 잡을 수 있을 것이다.

- 당신이 관심과 흥미를 갖고 있는(혹은 가질 수 있는) 분야인가
- 당신이 전문가가 될 수 있는(혹은 앞으로 공부하면) 분야인가
- 당신이 지치더라도 포기하지 않을 만한 분야인가

- 당신이 수익 창출이 가능한 분야인가
- 당신이 생각만 해도 가슴이 뜨거워지는 주제나 분야인가
- 당신이 살면서 꼭 해보고는 싶었지만 '나는 안 될 거야'라고 생각했던 분야나 주제인가

핵심은 당신이 좋아하고 원하는 주제냐는 것이다. 당신이 원하는 주제가 아니더라도 당장은 상관없다. 카페를 운영하면서 마음에 드는 주제를 찾게 되면 그때 새로 만들어서 성장시키면 된다.

카페 제목과 닉네임 정하기

카페 만들기 버튼을 누르면 두 가지의 이름을 결정해야 한다. 첫 번째는 카페의 제목이고 두 번째는 운영자의 닉네임이다. 첫인상이 중요하다는 사실을 모르는 사람은 없다. 카페 제목은 첫인상을 결정한다. 여기서도 잘하려고 한참을 머뭇거리고 시간을 보내게 된다. 카페 제목을 짓는 것과 관련해서 고민하는 시간이 길어진다면 타 카페들을 여러 군데 찾아보고 어떤 주제들로 어떤 콘셉트의 카페명을 지었는지 살펴보는 것도 큰 도움이 된다.

참고로 블로그나 유튜브 운영자라면 닉네임을 잘 지어야 한다. 사람들은 해당 운영자의 닉네임으로 주로 검색하는데 검색해서 바로 나오지 않으면 관심이 식어버리기 때문이다.

사람의 창의력은 무에서 나오지 않는다. 서로 다른 분야의 지식이나 단어라도 조합만 잘하면 작품이 나온다. 타인의 카페는 물론 책 목

차에서도 좋은 힌트를 얻을 수 있다. 전혀 관련 없는 분야에서 뜻하지 않게 보석 같은 단서를 얻게 될 수도 있다. 스스로 생각한 주제와 전혀 관련 없는 주제를 어떻게든 연결 지어보고 생각하는 과정에서 창의력이 생긴다.

카페 제목만 봐도 이 카페가 무엇을 하는 카페인지 명확하게 알 수 있도록 작명하자. 제목이 창의적인 것보다는 친절한 편이 회원 가입율 면에서 좋다. 이렇게 카페 이름을 10개 정도 써본 후 주위 사람들에게 어떤 것이 좋은지 물어보는 것도 좋다.

카페 게시판 개설

PC 화면에서 카페 꾸미기를 하고 게시판도 배치할 수 있다. 그러나 이미 모바일로 카페를 이용하는 사람의 비율이 PC 사용자 수를 넘어섰다. 따라서 과거처럼 카페 외관 디자인에 너무 치중할 필요는 없다. 카페 주제에 맞는 내용들이 카페에 존재하느냐가 핵심이지 디자인은 부수적 요소다. 예를 들어 아이폰 관련 정보를 얻기 위해 가입한 카페에서 아이스크림 이야기만 수두룩하다면 해당 카페에 체류하거나 가입할 이유를 느끼지 못한다. 다른 아이폰 카페도 많기 때문이다. 아무리 카페 디자인이 좋아도 내용이 카페 주제에 부합하지 않는다면 소용없다. 이런 점에서 썸네일(대표사진)이 중요한 블로그와 차별된다.

온라인 카페 게시판도 보통 '자유게시판'이나 '묻고답하기', '새내기 인사하기' 등의 커뮤니티 기능과 카페 주제에 맞는 정보나 회원 간 소통을 채우는 게시판으로 구성하는 것이 기본이다. 카페 게시판은 많을 필요 없다. 특히 초반에는 게시판 개수를 10개 정도로만 유지해도 충분하다. 사용하지도 않는 게시판들이 널브러져 있느니 차라리 단순한 게시판 운영이 회원과 운영자 모두에게 좋다.

활발한 카페 활동

이제 카페가 숨을 쉬게 하는 단계다. 회원들이 카페에 가입하고 활발히 활동하게 유도해야 한다. 카페 운영자가 회원 유치능력과 초반 운영 노하우가 있다면 전혀 어렵지 않다. 누구나 초반 운영에 미숙한 부분이 있지만 시간이 지나면서 운영자로서의 모습을 갖추게 되므로 당황하지 말고 여유 있게 넘기자.

회원이 카페에 잠시 머물든 계속 머물든 회원 체류시간의 핵심은 카페의 콘텐츠다. 회원이 원하고 궁금해하는 정보가 카페에 있어야 잠재 회원이 해당 카페에 가입하고 매일 방문한다.

카페 주제와 관련 없는 내용들로 채워져 있다면 더 이상 올 이유가 없다. 특히 요새 유행하는 제휴마케팅 홍보 게시글처럼 스팸글이 카페에 넘쳐나면 힘들게 모은 회원들이 전부 도망가버린다. 꼭 당신의 카페가 아니어도 원하는 정보가 널려 있고 깔끔하게 운영되는 카페는 얼마든지 있기 때문이다. 이 점은 네이버의 핵심 가치와 일치하며 카페 운영자로서 가장 신경 써야 할 부분이기도 하다.

불과 몇 년 전만 해도 다음(DAUM)이 포털순위 1위였다. 지금은 네이버가 검색 시장을 완전히 장악했다. 그러나 이 순위는 몇 달 만에 바뀔 수도 있는 만큼 네이버 측에서도 소비자들이 좋아하는 콘텐츠가 많이 생성되도록 노력하고 있다.

타 커뮤니티에 회원으로 활동한 경험이 있다면, 자신이 왜 그 커뮤니티에 가는지를 되새겨보면 어떻게 콘텐츠 관리를 해야 할지 쉽게 이해할 수 있다.

예를 들어 벤츠자동차 카페가 있다고 하자. 벤츠 카페라고 해서 벤츠를 보유한 회원만 있는 것은 아니다. 벤츠를 사기 전 이것저것 알아보기 위해 가입한 사람도 있고, 벤츠를 꼭 사고 싶지만 아직은 사지 못하는 사람도 있으며, 단순 호기심으로 벤츠 카페에 가입한 사람도 있다. 이런 카페에서 벤츠의 연비가 좋은지 나쁜지 물으면 벤츠를 탈 자

제목	작성자	작성일▾	조회	좋아요
인생맛집 ㅠㅠ 참치회 ♥ [217]		2018.10.28.	1,863	33
에어프라이어로 통닭 구이&비스켓 했어요 [20]		02:49	1,017	8
에어프라이표 파파*스 비스켓 [13]		2018.10.31.	477	8
어제 홈게파티했어요ㅎㅎ [33]		12:19	339	1
에어프라이어로 통닭 구이&비스켓 했어요 [20]		02:49	1,017	8
쑥떡~~ [3]		00:14	515	0
올만에 술이요 ㅋㅋ [1]		2018.11.03.	361	0
해물찜 [3]	7	2018.11.03.	594	1
김치만두의 계절 [29]		2018.11.03.	781	4
에어프라이어 써봤어요 [7]	다	2018.11.03.	777	2
이 늦은시간에 호떡 만들어서 먹구있네요 [5]	꽃순이	2018.11.03.	493	1
야끼소바?가츠동ㅋ		2018.11.02.	348	0
야식땡기는시간♡ [5]		2018.11.02.	639	0
저도 드디어 에프 통삼겹 구이 해먹었어요! [7]		2018.11.02.	966	3
가을은 새우죠☺ [9]	맘	2018.11.02.	237	0
해피콜 군고구마~~^^ [4]		2018.11.01.	575	0
꼬막 비빔밥 [12]	사랑해	2018.11.01.	1,022	3

맘카페의 일반적 게시판

격이 없다느니 하는 댓글이 달린다. 국산차에 비해 가격대가 높은 외제차를 구입하는데 기름 값이나 신경 쓰는 사람이라면 외제차를 탈 자격이 없다는 뜻이다. 연비 문제는 여유 있는 사람이든 그렇지 않은 사람이든 누구나 신경 쓰는 문제이기도 하다. 전문적인 글보다 이런 글들이 조회 수가 높다.

조회 수는 회원들의 관심도를 직접적으로 보여준다는 점에서 중요하다. 벤츠 카페에서는 연비 문제가 좋은 콘텐츠라면 맘카페에서는 유축기 사용방법, 아이가 딸꾹질할 때 어떻게 해야 하는지 등 육아 정보나 실생활 정보가 좋은 콘텐츠다.

카페의 성장과 수익화

같은 관심사를 주제로 회원 간 소통을 통해 카페 콘텐츠가 생성된다. 해당 카페 회원에게 있어 매일 카페에 올라오는 내용들은 푸짐하게 차려진 밥상과 같다. 맛있게 먹기 위해 회원들은 오늘도 오고 내일도 온다. 즉 운영자는 회원들이 카페 주제에 맞게 소통하도록 운영하면 되는 것이다. 운영자가 직접 콘텐츠를 만들지 않아도 된다는 점에서 블로그나 SNS에 비해 부담감이 대폭 줄어든다. 이런 자발성은 운영자가 직접 활동하지 않아도 소득이 발생되는 가장 강력한 이유다.

시간이 지나면서 카페도 성장해간다. 초반의 어눌했던 운영자의 모습은 사라지고 근엄한 카페 운영자 및 전문가가 되어간다. 이 과정까지 몇 달 걸리지도 않는다. 초반에 잘 다져놓은 기반에 광고배너, 공동구매, 무료체험단, 협력업체 등을 통해 수익화를 시작한다.

월 수백만 원에서 월 수천만 원의 수익도 가능한 단계가 온다. 수익화하는 단계에서 혼자 독식하면 탈이 난다. 회원들에게도 여러 방법으로 많은 혜택을 주는 것이 바람직하다. 카페는 운영자 혼자만의 것이 아니다. 베풀고 나눌 때 가장 큰 성공을 기대할 수 있다. 이기적인 사람과 함께하고 싶은 사람은 없다.

카페 운영자로서 당당히 서게 되면 그 자체로 스스로의 직업을 만들어낸 것이다. 간섭받거나 명령받는 위치를 벗어나서 단체의 대표가 된다. 매달 발생되는 고정비용 하나 없이 나만의 사업체를 구축한 전문가가 카페 운영자다.

대형 카페와 대표 카페의 사례를 보면 수익화까지의 과정이 짧게는 1년에서 3년, 5년도 걸린다. 이미 경험한 전문가가 옆에 있다면 이 기간을 획기적으로 단축할 수 있다. 시행착오를 줄이기 때문이다.

온라인 카페가 생소한 사람이라도 취업이나 사업 등 사회활동 경험이 있으면 충분히 카페 운영자가 될 수 있다. 어차피 온라인 카페도 사람과 사람이 만나는 사회활동이기 때문이다. 어떤 경험이든 카페 안으로 녹여낼 수 있다. 그 과정에서 실패도 할 수 있고 더디게 갈 수도 있지만 이 또한 최종 목표를 향해 가는 여러 과정 중 하나에 불과하다.

지금까지 간략히 온라인 카페의 구축 단계를 살펴봤다. 단기간 돈벌이를 위한 목적이라면 얼마 안 가 포기하게 되어 있다. 스스로 카페를 처음부터 만들고 성장시키고 운영하면서 자연스레 나 자신도 카페와 하나가 되어야 한다. 더 많이 알고 더 잘하려고 노력하는 과정에서 전문가로 성장한다. 소득은 과정상에서 발생되는 부수적인 것에 불과하다. 그러나 엄청날 수 있다는 점에서 그 어떤 직업보다 매력을 느낄 것이다. 자신이 좋아하는 일을 하면서 투자 비용 없이 큰 소득이 가능하다.

회원과 콘텐츠 수를 늘려 플랫폼을 키워라

플랫폼 마케팅에서 사람들이 가장 궁금해하는 내용이 바로 '네이버 카페 키우기'일 것이다. 카페를 키운다는 것은 곧 카페 규모를 크게 만든다는 말과 같다. 카페 규모는 카페의 활동 회원 수와 카페 내 콘텐츠의 양으로 판단된다. 콘텐츠는 카페 내에 존재하는 게시글과 댓글, 이미지, 영상 등 눈에 보이는 모든 것을 말한다. 카페 회원 수가 10만 명인데 카페 게시글이 10개라면 죽은 카페다. 카페의 주제에 따라 회원 수나 콘텐츠의 개수가 중요하지 않을 수도 있다. 다만 일반적으로 카페에 매일 신규 회원이 늘어나고 신규 콘텐츠도 계속 생성되는 것이 바람직하다.

카페를 키운다고 하면 보통 카페 회원 수를 늘려야겠다고 생각한다. 네이버 카페나 네이버 밴드, 카카오톡 오픈채팅방 등으로 사업할 예정인 사람들은 초반 회원 수를 채우는 것 외에 초반 콘텐츠를 채우는 데에도 관심을 가져야 한다. 치킨집을 개업했고 메뉴판은 있는데 정작 손님이 왔을 때 먹을 치킨이 준비되어 있지 않다면 매출은 기대할 수 없다. 치킨집에 치킨을 준비하는 것이 바로 콘텐츠를 준비하는 것이다. 새로 오픈한 치킨집에 손님이 한 명도 없는 것보다 손님들이 몇 테이블 차지하고 앉아 있는 것이 아무래도 낫다. 아는 사람으로 채우든 실제 손님으로 채우든 말이다. 참고로 나는 온라인 채널을 키우는 데 있어서 자연스럽지 않은 일, 즉 편법은 쓰지 않는다. 그럴 필요도 없다. 네이버에서 쓰라고 만들어놓은 기능만을 써서 얼마든지 카페를 만들고 키울 수 있기 때문이다.

네이버 카페를 키우는 방법으로 회원 수 증가와 콘텐츠 증가를 꼽았다. 먼저 카페 회원 수 늘리는 방법에 대해 설명하겠다. 운영자가 초반에 회원 수를 늘릴 능력이 있느냐 여부에 따라 카페의 성패가 갈린다.

아웃소싱으로 회원 수 늘리는 방법

아웃소싱(outsourcing)은 외부의 다른 사람(프로그램 사용자)이나 마케팅 대행업체에게 일을 맡기는 것이다. 아웃소싱 방식은 크게 프로그램을 이용하는 방법과 마케팅 대행업체를 이용하는 방법으로 나눌 수 있다. 초심자라면 어떤 프로그램이 있는지 어디까지 활용할 수 있는지 모른다. 또 믿을 만한 마케팅 대행업체는 어디이고 비용은 얼마인지 어디까지 책임져주는지도 모른다.

1인 플랫폼 창업가는 할 일이 많다. 콘텐츠 발굴(판매할 제품이나 서비스)부터 영업, 판매, 마케팅 등 구매로 이어지는 모든 과정을 스스로 해야 한다. 분업이 필요한 상황이 올 수 있다. 물론 네이버 카페라는 도구만 잘 활용해도 위의 복잡한 과정이 대폭 생략된다. 제품이나 서비스의 판매는 결국 신뢰도 문제이기 때문인데 네이버 카페는 이를 해결해준다. 네이버 카페를 만드는 이유는 바로 타 온라인 플랫폼 경쟁자들과의 판매에서 압도적 우위에 서기 위해서다. 아무리 좋은 제품이나 서비스라도 신뢰가 없는 사람이나 업체에서 판매한다면 절대 구매로 이어지지 않는다.

초심자는 마케팅이 무엇인지 네이버 카페를 키우는 이유는 무엇인지와 같은 본질적 질문에도 대답하기 어렵다. 실무 경험도 없기 때문에 답답하고 모르는 것 투성이다. 그러나 스스로 알고 있어야 사기당하지 않고 자신과 사업을 지킬 수 있다.

그러므로 처음부터 어뷰징 프로그램을 쓰거나 타 업체에 네이버 카페를 만들거나 키우는 작업은 맡기지 않는 것이 좋다. 프로그램은 종류가 많다. 예를 들어 메일이나 쪽지를 수천 명에서 수만 명에게 일괄적으로 보내거나 카페 초대장을 보내는 프로그램, 자동으로 게시글이나 댓글을 쓰는 프로그램, 출석과 조회 수를 올려주는 프로그램, 자동으로 신문기사나 뉴스를 가져오는 프로그램, 카페 회원 초대, 메일과 쪽지 보내기, 카페에 자동으로 글쓰기, 댓글 달기, 카페 방문 횟수 늘리기, 글 조회 수 늘리기, 타 카페 회원 ID 추출하기, 카페 출석하기 등 네이버에서 정책적으로 허용하지 않는 기능들을 시행해주는 프로그램이 많이 있다. 이런 프로그램들을 사용하는 것을 오용, 남용, 폐해 등의 의미로 어뷰징 작업이라고 하는데 네이버에서는 이를 엄격히 제한하고 있다. 이런 작업들을 실행하면 네이버에 비정상적 트래픽을 발생시켜서 반드시 제재를 당하게 되고, 결국 어렵게 키운 소중한 카페를 하루 만에 날려버릴 수 있다.

추후 카페를 키워서 청소년에게 유해한 내용이나 네이버 정책에 반하는 내용을 다루거나 강의 등 수익화의 소재로 이용한다면 마찬가지로 카페가 블라인드(회원 가입불가, 카페의 노출 금지, 카페 운영자도 더 이상 해당 카페에 글을 쓰거나 운영하는 것이 불가능해진다) 처리된다. 블라인드 조치를 당하게 되면 영영 카페를 찾을 수도 없고 접속할 수도 없다.

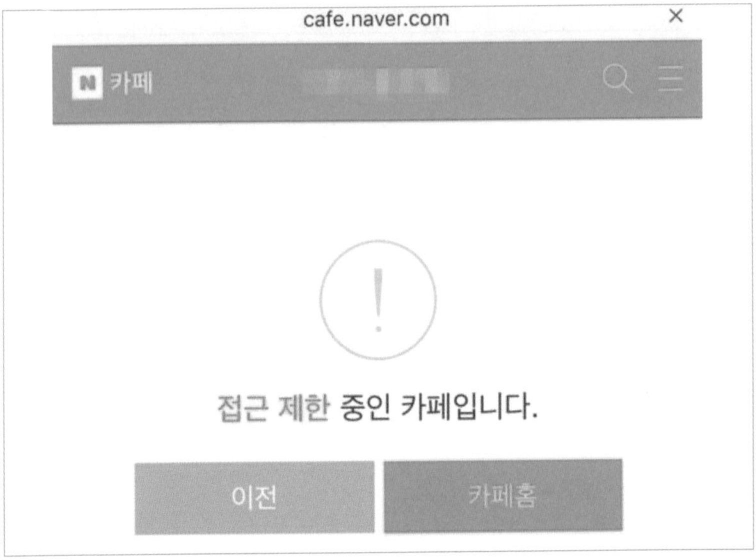

운영자의 어뷰징 활동으로 접근제한 조치된 카페

이런 일이 비일비재한 이유는 개인의 욕심도 있겠지만 무엇보다 무지에서 비롯된다. 네이버에서 허용하지 않는 것은 하지 않는 것이 좋다. 자세한 네이버 카페 약관은 PC버전을 기준으로, 네이버 카페 홈 화면의 가장 아래 메뉴에 '카페 이용약관'과 '카페 운영원칙'이 있으니 한번 읽어보기를 권한다. 10~20분 정도면 다 볼 수 있다.

마케팅 대행업체를 이용할 경우 가격은 회원 수 기준으로 100명 늘리는 데 얼마, 1,000명 늘리는 데 얼마, 1만 명 늘리는데 얼마라는 식으로 책정된다. 페이스북이나 인스타그램도 마찬가지다. '좋아요'와 '팔로우' 수를 늘리는 데 값이 대략 정해져 있다. 업체들은 활동 없이 죽어 있는 회원과 활동이 있는 살아 있는 회원 수를 늘리는 데 값을 달리 받는다.

그러나 여기에도 함정이 있다. 업체에서 무슨 말로 홍보를 하든 대개는 해킹된 ID이거나 유령 회원 정보를 사용해서 카페 회원 수를 늘리거나 '좋아요'와 '팔로우' 수를 늘리는 것이라고 보면 틀림없다.

업체 자체에 문제가 있는 경우도 있다. 일단 해당 업체가 개인인지 업체인지 분간하기 힘들다. 규모가 큰 것처럼 업체를 홍보했지만 실제로는 열악한 규모일 수 있다. 물론 규모가 있는 업체라고 하여 능력이 좋은 것도 아니다. 능력 있는 마케팅 업체는 대개 홍보하지 않는다. 상대가 사기꾼이라서 작업 비용을 입금했는데 '먹튀'를 당할 수도 있다. 당신이 온라인 사업에 경험이 많더라도 얼마든지 당할 수 있다.

마케팅 업체를 통해 자신의 사업이나 아이템 등 콘텐츠를 홍보하는 것은 각자의 선택이고 내가 좋다, 나쁘다 언급할 사항은 아니다. 내가 이런 내용을 언급하는 이유는 무지한 초심자를 보호하고 싶기 때문이다.

프로그램이나 타 업체를 이용하여 카페 회원 수를 늘리는 것은 당장은 기분 좋을지 몰라도 사업 성공에 전혀 도움이 되지 않는다. 나는 10년 넘는 기간 동안 카페로 벌어지는 일은 다 겪어봤다. 남의 도움이나 잘못된 방식으로 진행하는 것은 자신과 사업 모두를 망치는 결과를 가져온다.

직접 발로 뛰어서 회원 수를 늘리는 방법

나는 지금까지 수많은 카페를 만들고 키웠는데 그중 2007년과 2008년에 개설한 중고차 카페 두 곳은 내가 직접 발로 뛰어 회원 수를 늘렸다. 당시 회사에 다니던 나는 퇴근 후 하루에 100통 이상씩 중고차 딜러들에게 전화를 걸어서 내 카페에 매물을 올려달라고 요청했다. 초기에는 카페 회원 수가 몇 명도 되지 않았기 때문에 카페에 글을 올려주는 딜러는 없었다. 연락하지 말라고 경고하는 딜러도 있었다. 여기에 굴하지 않고 끊임없이 키운 결과 한 곳은 1만 명, 다른 한 곳은 1만 5,000명가량의 회원을 모았다.

일반적으로 이런 방식은 강한 인내, 1년 넘는 시간, 불굴의 의지 없이는 불가능하다. 카페 주제에 잘 맞는 가장 확실한 모집 방식이만 원시적인 방법이다. 당시 온라인 플랫폼에 대한 지식이 별로 없던 나는 당장 할 수 있는 것을 실천한 것뿐이었다. 과거의 나처럼 온라인 플랫폼에 대해 잘 몰라도 발로 뛰어 카페를 만들고 키워 소득을 창출할 수 있다.

나는 중고차 카페를 통해 폐차 대행도 했고 중고차 거래 중개도 했다. 카페 주제에는 맞지 않았지만 갓김치도 공동구매로 팔았다. 회원 수를 확보하면 어떻게든 수익화는 어렵지 않다는 것을 체험했다. 중고차를 잘 사는 방법이라는 문서를 작성해서 카페를 통해 9,900원에 판매하기도 했다. 중고차 관련 다른 정보를 추가하여 무려 29만 9,000원에 판매한 적도 있다. 매달 100명에게만 판매해도 한 달 수익이 2,900만 원 이상이다.

직접 발로 뛰는 방식에는 전화, 지인, 광고 등이 있다. 카페 성격에 맞는 곳에 전화하여 가입시키거나 지인들에게 카페의 존재를 알리고 가입하라고 권할 수 있다. 발로 뛰어 광고할 수도 있다. 이에 대해 좀 더 살펴보자.

온라인 카페는 지역 카페가 많고 회원 활성화가 잘되어 있다. 지역 카페는 맘카페가 대세다. 맘카페 운영자라고 해서 꼭 여성이 운영자는 아니다. 남성도 있고 업체가 직접 운영하는 경우도 상당수다. 과거에는 전국 단위 맘카페가 각광받았지만 지금은 지역 맘카페가 대세다. 지역 맘카페는 지역 내 모든 협력업체를 통해 수익화할 수 있다. 수익화 장점이 많기 때문에 타지에 살면서 맘카페를 개설 및 운영하기도 한다.

문제는 지역으로 한정되어 있다 보니 지역민만 회원으로 모아야 한다는 한계가 있다. 이를테면 제주도 맘카페라면 서울 사람이나 창원 사람이 제주도 맘카페에 가입할 일은 일반적으로 없다. 다만 사업적 목적으로 가입하는 경우는 예외다. 해외에서 사업을 하든 타 지역에서 사업을 하든 배송이 가능하기 때문에 이런 목적으로 가입하려는 사람이 늘고 있다.

한 지역 맘카페의 운영자는 자신의 지역에서 벌어지는 모든 공적 행사에 참석하여 플래카드를 걸기도 한다. 예를 들어 수원지역을 기반으로 하는 맘카페의 운영자가 구청, 시청에서 주최하는 행사에 참여해서 지역민들에게 인사도 하고 찬조금도 내고 플래카드도 걸고 명함도 돌리며 카페를 알린다. 이런 작업은 시간과 비용이 들고 체력적으로도 고단하며 아주 활발한 성향의 사람이 아니고선 힘든 방식이다. 그러나 온라인으로만 모집한 경우보다 직접 대면해 모집한 경우가 확실히 더 효과가 있다.

아파트나 전봇대에 보면 '과외 구함'이라는 전단지를 심심치 않게 봤을 것이다. 지역 카페라면 법적 허용치에서 벗어나지 않는 범위에서 전단지나 〈교차로〉 〈벼룩시장〉 같은 정보지를 통해 광고할 수 있다. 온라인 카페 주소를 대문짝만 하게 플래카드로 제작하여 아파트 입구 등지에 걸거나 중국집처럼 집집마다 스티커를 붙이고 다닐 수도 있다. 이야기만 들어도 땀나고 힘들어 보인다. 시간이 많고 어느 정도 비용도 감수 가능하고 조직(스태프나 직원)도 있는 사람에게 권한다.

타 온라인 플랫폼을 활용하여 회원 수를 늘리는 방법

온라인 시대에 걸맞은 방식으로 카페뿐 아니라 자신의 페이스북, 인스타그램, 블로그, 유튜브, 네이버 밴드, 카카오톡 오픈채팅방 등 모든 온라인 채널의 회원을 모집하는 데에도 유용하다. 자신의 카페를 만들고 어느 정도 콘텐츠가 채워졌을 때 타 온라인 플랫폼에 글을 써서 자신의 카페를 홍보하는 방식이 대표적이다.

모든 온라인 채널을 활용하여 진행할 수 있는 장점이 있다. 다만 홍보나 스팸활동으로 비춰져서 제재를 당할 수 있으니 주의해야 한다. 카페에서의 제재로는 활동 정지나 강제 탈퇴가 있고, 페이스북 등 SNS에서의 제재로는 도달률이 심각하게 떨어지거나 계정이 블라인드 처리될 수 있다.

타 온라인 플랫폼 활용으로 회원 수를 늘리는 방식은 단순하지만 검증되고 확실한 체계가 있다. 큰 수익을 목적으로 꾸준하고 확실한 성과를 기대하는 사업가라면 반드시 체계적으로 행동해야 한다.

상대방 입장에서 유용한 콘텐츠

온라인 플랫폼 홍보에서 공통적으로 중요한 것이 있다. 스팸이나 홍보활동을 하면 안 된다. 타인에게 유용한 정보를 주면서 자신의 온라인 플랫폼을 알리고 회원으로 가입시켜야 한다. 이때 유용한 정보는 '나'가 아닌 '상대방' 입장에서 유용한 것을 말한다.

예를 들어 '아이폰 사용자'가 문자 입력이 불편하여 키보드 소프트웨어를 바꾸고 싶다고 해보자. 그 사람은 아이폰을 쓰는 사람들이 모여 있는 커뮤니티를 찾을 확률이 높다. '아이폰 키보드 바꾸는 법' '내가 써본 아이폰 키보드 프로그램들의 장단점'이라는 내용을 간략히 만들어 배포한다면 아이폰을 현재 쓰는 사람, 앞으로 아이폰을 사용할 사람, 아이폰에 관심이 있는 사람이 모두 타깃이 된다. 이런 내용을 제공하면서 자신의 카페를 알리는 게 좋다.

카페를 만들 때 주제를 세분화하면 정확한 타기팅을 할 수 있다. 정확한 타기팅은 고소득을 보장한다. 예를 들어 일본 여행을 좋아해서 일본 여행 카페를 만들고 싶다고 하자. 그러나 이미 '네일동'이라는 높은 벽이 시장에 존재하고 있다. 그렇다면 당신은 전략적으로 일본 여행을 세분화할 필요가 있다. 이를테면 '후쿠오카 여행 카페' '도쿄 여행 카페' '오키나와 여행 카페' '일본 신혼여행 카페' '일본 데이트 카페' '일본 1박 2일 여행 카페' '일본 쇼핑 카페' 등으로 지역이나 테마를 쪼개고 한정 짓는 것이다. 이렇게 이미 시장에 대형 경쟁자가 존재하는 경우에는 세분화 전략을 통해 시장을 비집고 들어갈 수 있고 추후 카페가 회원들의 활동으로 활성화되면 보다 다양한 주제들을 접목할 수 있다.

온라인 사업은 글로 시작해서 글로 끝난다. 당신이 '온라인으로 사업한다는 것'은 '온라인으로 글을 쓴다는 말'과 같다. 초심자들은 온라인에 글을 쓰는 것조차 어색해하고 두려워한다. 온라인 환경에 빠르게 적응하려면 소위 뻘글이든 정보글이든 일상글이든 써야 한다. 시도하면 두려움은 사라진다. 두려움 앞에 정면으로 서서 두려움의 실체를 확인하고 없애면 된다. 시도하면 아무리 어려운 일도 결국 일상이 된다. 시도하라. 그래야 지금의 틀을 깰 수 있다.

온라인 플랫폼 중 카페, 밴드, 오픈채팅방 등은 회원 수를 기반으로 하는 채널이다. 플랫폼별 특성을 아직 잘 몰라도 상관없다. 다만 이런 회원 수 기반 온라인 플랫폼을 키울 때 실무적으로 한 가지 기억할 것이 있다. 인간은 감정적인 존재다. 힘들면 포기하고 기쁘면 지속한다. 초반에 온라인 플랫폼을 만들고 키우는 일은 쉽지 않다. 온라인 플랫폼을 구축하는 단계에서는 인간의 감정은 의도적으로 배제하는 것이 좋다. 목표에 따라 기계적으로 행동하라는 의미다.

하루 10명을 모은 것은 대단치 않은 성과라고 생각할 수 있다. 그러나 10명씩 한 달 쌓이면 300명이다. 카페 주제에 따라 다르겠지만 내가 봤을 때 최소 소득 기준은 회원 수 500~1,000명이다. 당장은 10명이 적은 숫자 같지만 이 과정을 거쳐서 1,000명, 1만 명이 되는 것이다.

내가 운영하는 카페도 마찬가지 방식으로 키웠다. 나 혼자 개설했기 때문에 회원 수 1명으로 출발했지만 현재 5,300명이 넘는 카페로 성장했다. 회원 수 170만 명이 넘는 애완견 카페인 '강사모'도 처음에는 1명으로 시작했다. 1,000명, 1만 명, 10만 명을 거쳐 170만 명이 된 것이다. 회원 수 1명에서 1,000명이 될 때까지 5개월이 걸렸다면, 1,000명에서 1만 명이 될 때까지는 1개월도 안 걸린다.

플랫폼으로 수익을 창출하라

소득은 사업의 목표다(이 책에서는 비영리사업은 다루지 않는다). 소득 없이 사업을 지속할 수 없다. 소득은 무언가 판매했을 때 나온다. 제품을 팔든 서비스를 팔든 생각을 팔든 누군가에게 팔려야 소득이 발생한다. 소득은 마진과 판매량이 결정한다.

마진 1만 원짜리 제품 300개를 판매하면 월 소득은 300만 원이고,

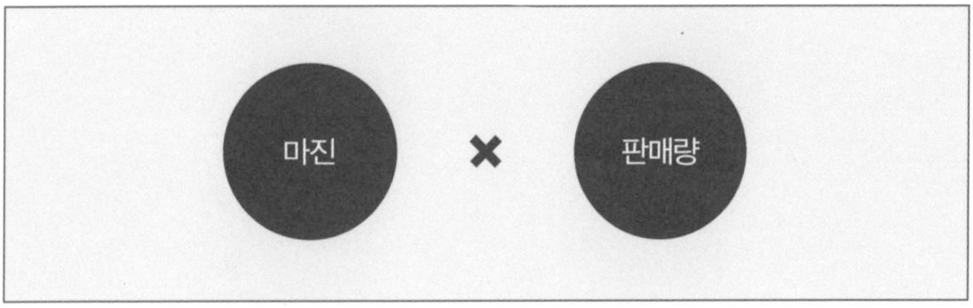

소득 공식

마진 3만 원짜리 제품 300개를 판매하면 월 소득은 900만 원이다. 마진이 높으면 같은 시간에 적은 인원의 소비자를 만나도 되고 고소득이 가능하다는 장점이 있다.

앞에서 '무언가 판매됐을 때' 소득이 발생한다고 했다. 무언가를 판매하려면 무대가 필요하다. 점심메뉴로 낙지덮밥을 판매하려 해도 식당을 차려야 한다. 온라인에서도 마찬가지다. 온라인에서는 글을 통해 사람을 만난다. 일상적인 글이든 정보를 주는 글이든 판매 글이든 질문 글이든 글을 쓸 수 있는 곳이 있어야 한다. 블로그, 카페, 페이스북, 인스타그램, 카카오톡이라는 플랫폼이 바로 그 무대다.

온라인에 글을 쓰는 것만으로 자신이 목적한 바를 이룰 수 있다. 생각의 전달이나 확산도 소득이고, 제품이나 서비스를 판매하여 얻는 돈도 소득이다. 예를 들어 내가 정치인이라면 정치인으로서 자신의 정보와 생각이 여러 사람들에게 전파되고 확산되길 바랄 것이다. 1만 명 이상의 사람들에게 내 정보와 생각이 확산됐다면 당장 돈을 번 것 못지않게 큰 소득이다. 트럼프 대통령은 SNS인 트위터를 정치에 곧잘 활용한다. 1953년 분단 협정 이후 65년 만에 이뤄진 역사적인 북미 정상회담에서 트럼프는 싱가포르 센토사 섬에 위치한 북미 정상회담장소로 이동하는 과정에서도 트위터를 남긴 일은 유명하다.

온라인으로 돈을 버는 방법은 무궁무진하다. 일반적으로 제품이나 서비스를 판매하여 돈을 번다. 판매에는 오픈마켓 판매, 유통업, 타 플랫폼을 활용한 판매 등이 있다. 그럼 판매에 대해 좀더 자세히 알아보자.

오픈마켓에서 판매하는 방법

11번가, 지마켓, 네이버 스마트 스토어, 인스타그램 쇼핑 등 네이버나 구글에서 검색했을 때 노출되는 플랫폼에 판매자로 등록하여 판매하는 방법이다. 온라인 사업을 시작하는 사람이 주로 선택하는 수익 창출 루트다. 진입장벽이 없어서 누구나 기성품(같은 제품)을 공급받아서 판매할 수 있는 대신에 경쟁도 심하다.

유통 단계는 간략적으로 '제조사-총판-대리점-소비자'다. 네이버 스마트스토어와 같은 오픈마켓 판매자는 도표 <간략적인 유통 단계>에서 '대리점' 단계에 해당한다. 누구나 '대리점'처럼 나이키 제품을 받아서 소비자에게 판매할 수 있다. 문제는 나도 나이키 운동화를 공급받을 수 있고 타 판매자도 나이키 운동화를 공급받을 수 있다는 것이다. 최저가 전쟁이 일어나고 결국 누가 상위 노출되느냐의 싸움으로 귀결된다.

개인이 독점적으로 취급할 수 있는 제품이 있거나 제조사라면 아이템 경쟁에서는 자유로울 수 있다. 하지만 정말 좋은 제품이라면 머지않아 제품을 카피하는 경쟁자가 금방 등장하게 된다. 독점적 아이템

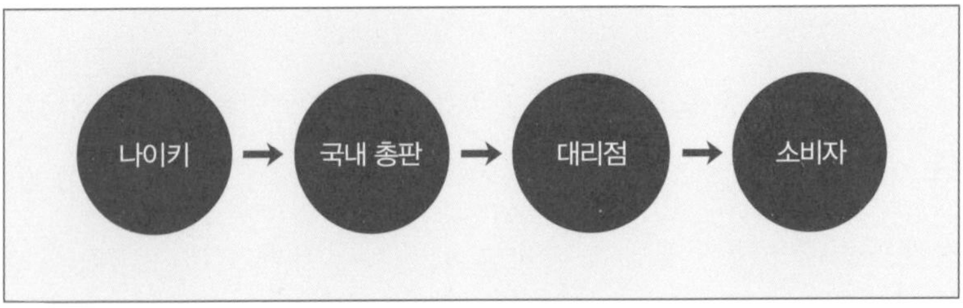

간략적인 유통 단계

이나 제품을 보유하고 있다고 해도 인기 없는 제품이라면 소용없다.

유통업으로 돈을 버는 방법

유통업은 일반적으로 도매상이나 소매상 등의 판매 장소에 물건을 공급하는 것을 말하며, 제조사가 직접 유통까지 하는 경우도 있다. 개인은 보통 자신만의 아이템이 없어서 제조업체나 유통업체 등에서 물건을 공급받아 팔게 된다. 이 판매 과정에서 '더 싸게 공급받는 방법은 없을까?'라는 의문이 생긴다.

소득은 실제 가격과 판매 가격의 차이인 마진으로 결정된다. 예를 들어 손풍기(손에 들고 다니는 선풍기) 판매가가 5,000원인데 1대당 공급받는 가격이 2,000원이라면 내 마진은 1개 팔 때마다 3,000원이 된다. 10개 팔면 3만 원, 1,000개 팔면 300만 원이다. 이때 공급받는 가격이 1,000원이라면 내 소득은 훨씬 더 늘어난다. 일단 이 점을 이해하기 위해 유통 단계를 알아야 한다. 유통 단계는 일반적으로 '제조사-총판-도매-소매-소비자'다(이보다 더 많은 중간 단계가 존재하지만 여기서는 생략한다).

개인은 보통 '소매' 단계에서 물건을 공급받아서 '소비자'에게 판매한다. 총판은 여러 도매상에 제품을 공급한다. 도매상도 여러 소매상에 제품을 공급한다. 총판에서 정한 가격만 지켜준다면 누구나 같은 제품을 공급받을 수 있다. 실제로는 '총판과 도매' '도매와 소매' 과정 사이에 더 많은 단계가 있을 수 있다. 각 단계마다 수익이 있어야 하기 때문에 유통 단계 수에 따라 최종 소비자에게 부과되는 소비자 가격도

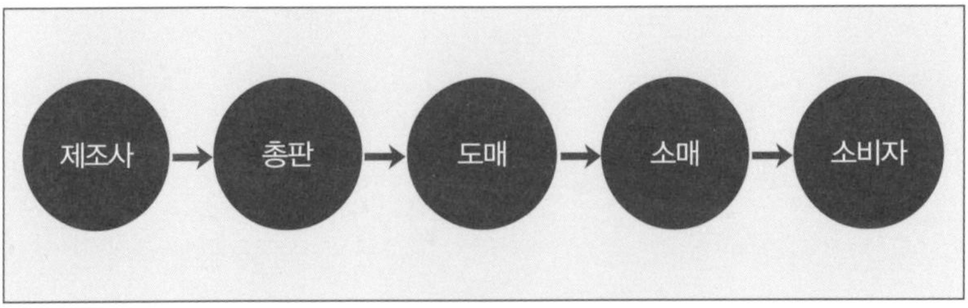

일반적인 유통 단계

달라진다.

일단 물건을 공급받아 판매하면 소매(상)다. 소매상의 입장에서 보면 도매상에게 받는 것보다는 총판에게 받는 것이, 총판보다는 제조사에게 직접 공급받는 것이 더 유리할 것이라고 생각한다. 틀린 말은 아니다. 그러나 대량으로 구매해야 가격적인 메리트를 얻을 수 있다. 소량 구매하면서 공급가를 저렴하게 받기는 힘들다. 판매 경험이 쌓이고 자신감이 붙으면 대규모 유통에 관심을 가질 수 있다.

판매 초보자는 재고에 민감해야 한다. 판매활동을 하면서 자신이 보기에 '이건 좀 대량 구매해도 괜찮겠다'는 마음이 드는 제품과 마주칠 수 있다. 이런 제품 중에는 덤핑상품도 있다. 1,000개 이상 대량 구매시 혹은 완사입시(재고제품의 전체구매) 50~70퍼센트 싸게 주겠다고 하는 경우도 많다.

그게 무엇이든 초심자인 당신 눈에만 좋아 보일 뿐 결국 타인의 고민을 돈 주고 떠안기 십상이다. 초심자에게 한몫 잡을 기회가 될 정도로 좋은 제품은 단언컨대 없다. 이런 대량 구매는 확실한 인맥과 경험을 통해 이뤄져야 한다. 사업 초반에는 돈을 버는 것보다 잃지 않으면서 성장하는 게 중요하다. 초보자는 위탁판매(개별판매, 1:1배송 모두 같은 말) 방식을 활용하는 것이 좋다.

타 플랫폼을 활용한 판매 방법

자신의 플랫폼이 없어도 타인의 플랫폼을 이용하여 공동구매나 구매 대행으로 판매할 수 있다. 그중 회원 침투 판매 방식은 전문적이고 체계적인 방법으로 온라인 카페에서 타 회원과 직접 거래하는 것이다. 회원 간 신뢰도를 기반으로 하며 적은 시간 투자로 월 수백만 원 이상의 소득이 가능하다.

공동구매와 구매 대행은 블로그와 카페, 카카오 스토리, 페이스북, 인스타그램 등 모든 온라인 채널에서 볼 수 있는 판매 형태다. 시중 가격보다 저렴하다는 장점 때문에 공동구매에 참여하는 소비자가 많다. 특히 육아용품이나 제철과일 같은 먹거리가 판매량이 높다. 나도 홍삼제품 같은 건강기능식품부터 사과, 꿀 등의 제품을 지인에게 공급받아 회원 수 2만 명 이상의 맘카페, 회원 수 5만 명 이상의 부동산 카페, 회원 수 20만 명 이상의 맛집 카페 등에 수백 박스 이상 판 적이 있다. 공동구매의 장점은 빠른 재고 소진이다.

몇 년 전까지만 하더라도 공동구매에 최적화된 온라인 플랫폼은 카카오 스토리 채널이었다. 지금은 도달률 문제로 공동구매 판매량이 예전에 비해 절반도 되지 않지만 그래도 상당한 판매량을 기대할 수 있다. 3억 원을 들여 카카오 스토리 채널을 구축한 사례도 있었다. 투자된 금액 이상으로 판매량이 엄청났기 때문이다. 카카오 스토리에서 육아나 공구 등으로 검색하면 수많은 공동구매 채널이 나온다. 이 채널들을 꾸준히 수집해서 리스트화하는 것만으로도 재산이 된다.

공동구매를 계획한다면 가격 책정에 신경 써야 한다. 되도록 네이버 최저가보다는 저렴하게 아이템을 공급받을 수 있어야 판매에 유리하다. 공동구매 판매가가 네이버 최저가보다는 저렴해야 구매로 이어지기 때문이다.

온라인 사업에서 알아야 할 두 가지

온라인으로 사업해서 소득을 올리려면 두 가지를 알아야 한다. 첫째는 반드시 자신의 온라인 플랫폼이 있어야 하는 것은 아니라는 점이다. 타인의 플랫폼을 이용하여 얼마든지 돈을 벌 수 있다. 이 방식만 알아도 웬만한 직장인보다 시간 투자 대비 훨씬 많은 소득을 기대할 수 있다. 나도 이 방식을 통해 아파트도 사고 결혼도 했다.

둘째는 안정된 고소득을 위해서는 자신의 플랫폼이 있어야 한다는 점이다. 앞서 타인의 플랫폼을 활용하여 상당한 소득이 가능하다고 했다. 하지만 이는 안정적인 기반이라 할 수 없다. 백화점이나 아웃렛에는 많은 매장이 입점해 있다. 그러나 이 입점 매장들이 백화점보다 더 큰 소득을 올릴 거라고 생각하는 사람은 없다. 백화점은 입점 매장들이 잘되든 말든 상관이 없다. 백화점은 입점비만 받으면 되니까 말이다. 매출이 좋지 않은 매장은 어차피 도태되고 새로운 매장이 입점한다. 온라인에서도 마찬가지다. 11번가에 판매자로 등록해서 잘 판매하다가 11번가가 없어진다면 소득은 0원이 된다. 물론 지마켓이나 네이버 스마트 스토어로 옮겨가서 판매활동을 이어가면 된다. 하지만 자신의 플랫폼이 없다면 영원히 타인이 구축해놓은 플랫폼을 전전하고 의지할 수밖에 없다.

개인도 얼마든지 자신만의 온라인 플랫폼을 구축하여 기업과 같은 수익을 꾸준히 얻는 것이 가능하다. 사람과 사람이 모이는 커뮤니티가 있으면 가능한데 여기서는 대표적으로 '온라인 카페'를 예로 들어 설명하겠다.

온라인 카페로 수익을 창출하다

카페는 사람들이 모여 있는 커뮤니티이며 플랫폼이다. 카페를 통해 유형의 제품, 무형의 서비스 등을 판매할 수 있다. 공동구매, 개인과 개인 간 거래도 가능하다. 카페를 통해 생각이나 서비스도 판매할 수 있다. 대표적인 예가 강의다. 온라인 강의나 오프라인 강의 모두 카페를 통해 판매한다. 정치인이나 기업인 그리고 개인 사업가도 카페를 통해 자신의 생각을 판매하고 여론을 조성할 수 있다. 지역 식당, 네일숍, 관공서, 학교, 병원, 학원, 철물점 등을 홍보할 수도 있고 자동차 딜러, 보험영업사원이 자신들을 소개할 수 있는 곳이 바로 카페다. 사람들이 모여 있기 때문에 하지 못할 일이 없다. 회원 수 10만 명인 지역 카페는 정치인에게는 고마운 표밭이고 제품 판매자에게는 제품을 사줄 고마운 예비 구매자 집합이다.

자신의 사업체를 홍보하기 위해 전단지도 뿌리고 명함도 돌리고 영업도 하지만 신통치 않다. 아무리 부지런한 사람도 하루에 수백 명 이상 만나기는 어렵다. 그러나 온라인 카페에서는 글 하나의 조회 수가 100회에서 10만 회가 넘기도 한다. 만약 세종시에서 자신의 업체를 알리려는 사람이 있다고 하자. 이들에게 회원 수 10만 명인 세종시 카페는 예비 고객이 모인 플랫폼인 것이다.

카페에서 협력업체를 모집하여 수익화하는 방식은 크게 두 가지다. 온라인 카페의 게시판을 할당해주거나 PC 화면상에서 카페 대문에 배너 형태(이미지)로 사업체를 소개해주고 매월 얼마를 받는 식이다.

보통 업체들은 지역 맘카페에 입점비를 내고 게시판을 할당받아서

제목	작성자	작성일▾	조회	좋아요▾
[[illegible]후조리원] 산후조리원서비스에 대한 질문 및 안내 [7]	[illegible]산후조리원 ★	2018.11.02.	224	0
[[illegible]후조리원] 저희 [illegible] 의 구성원 및 직무체계입니다.	[illegible]산후조리원 ★	2018.10.31.	285	0
[[illegible]후조리원] 편백나무아기침대가 오늘 모두 들어왔어요	[illegible]산후조리원 ★	2018.10.30.	496	2
[illegible]리원 동반할인 같이 받아요~^^ [5]	[illegible]	2018.10.27.	223	2
[[illegible]산후조리원] 저희 산후조리원의 가격에 대한 말씀	[illegible]산후조리원 ★	2018.10.26.	779	0
[illegible]리원계약했어요 ^^ [22]	[illegible]맘 ★	2018.10.26.	272	0
[illegible]후조리원 공구하실 분 찾아요~ [18]	[illegible] ★	2018.10.25.	359	2
[[illegible]후조리원] 쁘띠렌의 블로그 오픈하였습니다.	[illegible]산후조리원 ★	2018.10.23.	398	0
[illegible]원 동반 계약하실분 계실까요?? [19]	[illegible]맘 ★	2018.10.22.	243	1
[[illegible]산후조리원] 산모님 질문에 대한 안내말씀 [5]	[illegible]산후조리원 ★	2018.10.20.	532	0
[[illegible]산후조리원] 오픈~~~♡ [44]	[illegible]산후조리원 ★	2018.10.18.	556	0
[[illegible]후조리원] 신생아실과 모유수유실 입니다 [22]	[illegible]산후조리원 ★	2018.10.13.	768	0
[[illegible]후조리원]의 자랑3(쁘띠렌은 침대메트리스를 잠이 ?한 라텍스로 [illegible]다)	[illegible]산후조리원 ★	2018.10.11.	321	0
[[illegible]후조리원]중 쁘띠실(특실)안내 [24]	[illegible]산후조리원 ★	2018.10.10.	1,069	0
[[illegible]후조리원]자랑2(안심공기시스템)	[illegible]산후조리원 ★	2018.10.10.	361	2

지역 맘카페에 입점한 산후조리원 게시판 조회 수

게시글을 작성한다. 맘카페는 이런 업체를 수백 군데 이상 입점받을 수 있다. 입점비가 20만 원이고 50군데 업체라면 입점 수익만 한달에 1,000만 원이다. 입점비는 카페 운영자가 결정하며 카페 규모에 따라 40만 원에서 100만 원이 넘는 등 천차만별이다.

지역 맘카페의 규모가 클 경우 지역 내 모든 업체가 입점을 바란다. 참고로 활성화된 카페 게시판이 200여 개가 넘는 곳도 적지 않다. 카페를 통해 자신의 사업을 홍보할 사람은 소정의 금액을 지불하고 카페에 입점한다. 이 협력업체 수입만으로도 수천만 원 이상인 지역 카페나 맘카페가 수두룩하다.

협력업체 모집은 빙산의 일각에 불과하다. 공동구매 판매자에게도 1주일이나 한달 정액으로(카페 규모에 따라 5만 원에서 500만 원까지 공동구매 입점비 존재) 입점비를 받고 회원들 상대로 공동구매를 진행하게 할 수 있다. 물론 공동구매는 돈이 오가는 만큼 운영자가 미리 판매자의 신원을 확인하고 판매할 제품의 샘플을 검증한 후 공동구매 판매를 허가해야 한다. 문제가 생기면 회원들은 공동구매 판매자보다 운영자에게 항의할 수 있기 때문이다. 무엇보다 회원들과의 신뢰가 중요하기 때문에 카페 내에서 영리 목적으로 활동하는 업체들은 운영자가 잘 관리해야 한다.

이외에도 수만 명에서 수백만 명 이상을 보유한 카페는 황금알을 낳는 거위와 같다. 카페만 잘 구축해도 수익 창출의 기회는 무궁무진하다.

♬생활&홈_리빙

- 세종_포장이사 N
- 유모차세탁빨래쟁이 N
- 베베홈케어 N
- 반딧불이 새집증후군 N
- 코웨이
- 라이프스포츠
- 헌옷대통령 N
- 방충망공작소 N
- OK가구랜드 N
- 토요타_수원점 N
- 바오인테리어 N
- 가구가싸 스크래치가구 N
- 씽크대붙박이 에츠가구
- 엘지퓨리케어_렌탈 N
- 빌드인테리어
- 미가스튜디오 수원&동탄 N
- 박이주디자인 인테리어
- 글라스바바안경_정자점
- 인터넷가입_모두인터넷
- ㄱ스튜디오 N
- 특가_커튼&블라인드

♬쇼핑

- AK PLAZA_수원점 N
- NC_터미널점
- 뉴코아아울렛_동수원 N
- 롯데마트수원점 N
- 롯데몰수원_쇼핑몰
- 수원 갤러리아
- 롯데아울렛_광교점
- 하이마트_수원롯데몰점 N
- 북수원 홈플러스
- 모던하우스(수원지역)
- **이마트트레이더스 수원** N
- 삼성디지털프라자 N

지역 맘카페에 협력업체가 게시판을 할당받은 경우

수익화 방향에 따른 카페의 종류

온라인 카페는 어떤 콘셉트로 만드느냐에 따라 같은 주제라도 전혀 다른 카페가 된다. 온라인 카페는 1인 플랫폼 창업가 입장에서 수익화 방향에 따라 크게 '강의 및 컨설팅형 카페' '판매형 카페' '중개형 카페'의 3종류로 나눌 수 있다.

강의 및 컨설팅형 카페는 가장 빠른 소득을 올릴 수 있는 카페 형태다. 노하우를 보유한 사람, 교육 콘텐츠가 있는 사람, 1인 크리에이터에게 유용한 형태다.

판매형 카페는 식당, 네일숍, 미용실부터 병원, 학원 등 자신이 운영하는 사업체를 직접 홍보하는 카페 형태다. 또는 제조공장, 독점제품, 개인 온라인 쇼핑몰 등을 보유하고 있는 기존 사업자들게도 적합한 카페 유형이다.

중개형 카페는 가장 대중적인 카페 형태다. 소득이 발생되는 카페의 90퍼센트가 중개형 카페다. 커뮤니티 구축 후 수익화 도구를 탑재하는 형태로 앞서 맘카페와 지역 카페 등이 대표적이다. 이어폰, 부동산, 자동차 등 모든 주제, 분야를 중개형 카페로 만들 수 있다. 활성화된 중개형 카페 하나만으로 모든 형태의 판매가 가능하여 운영자에게 시간적 · 경제적 자유를 보장한다.

5장

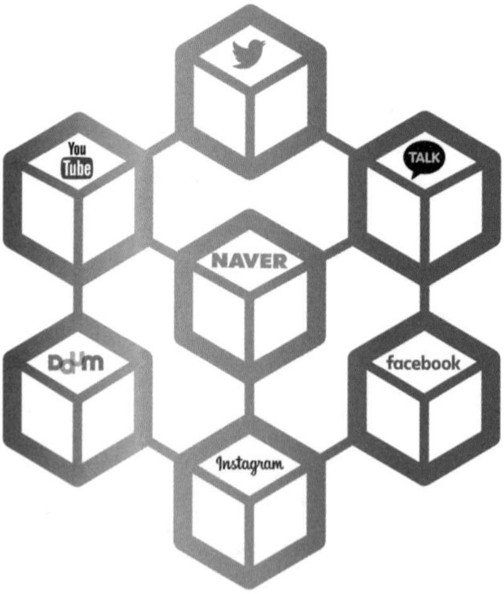

플랫폼 마케팅 전략

플랫폼 소유자가 성공할 수밖에 없는 이유가 있다

개인이 1인 사업가로서 활성화된 온라인 플랫폼을 소유하면 강력한 힘을 갖게 된다. 이 능력 수준은 플랫폼이 없던 과거와 비교하면 엄청난 격차가 생긴다. 플랫폼 소유자는 플랫폼에 가입한 회원, 콘텐츠, 트래픽의 소유자가 되기 때문이다.

무한정한 콘텐츠의 보유자

온라인 플랫폼인 온라인 카페는 회원 수가 1명이든 1,000만 명이든 전부 담을 수 있는 그릇이다. 이 회원들이 만들어내는 콘텐츠는 무한대다. 블로그나 SNS는 해당 계정 주인만 글을 쓸 수 있다. 즉 계정 주인이 글을 쓰지 않으면 더 이상의 콘텐츠는 발생하지 않기 때문에 방문자들은 발길을 돌린다. 카페에서는 운영자가 아닌 회원들이 콘텐츠의 주된 생산자다. 카페 회원 1만 명이 하루에 게시 글 1개씩만 쓰면 하루 콘텐츠 양은 1만 개이며, 1년이면 365만 개에 달한다. 트래픽은 게시글의 조회 수와 회원들의 카페 방문 수를 말한다. 콘텐츠, 회원 수, 트래픽이 많아질수록 운영자의 권력과 소득은 거대해진다. 이렇게 강대해진 권력을 통해 운영자는 플랫폼으로 3가지 기능을 실현할 수 있다.

첫째, 광고수익을 얻을 수 있다.
둘째, 플랫폼 회원들에게 혜택을 줄 수 있다.
셋째, 공짜전략으로 고소득을 누릴 수 있다.

수익 창출이 이루어지는 사례

현재 '수원맘 모여라' 카페의 경우 회원 수가 22만 명에 달한다. 수원지역이나 수원근교를 대상으로 영업이나 사업을 하는 업자 및 업체라면 눈독을 들이지 않을 수 없다. 고맙게 22만명의 고객을 모아놓았으니 말이다. 실제 PC버전으로 카페 대문을 보면 수많은 입점 업체의 광고 배너가 보인다. 업체들이 해당 카페의 게시판을 할당받아 직접 광고 게시글을 작성하기도 한다. 이런 입점 업체들 중에는 경찰서 등 관공서부터 AK백화점, NC백화점, 롯데마트, 이마트 트레이더스 등 대형 유통기업도 포함되어 있다.

운영자는 기업을 포함한 입점 업체들에게 입점 조건으로 다른 곳에서는 받을 수 없는 혜택을 카페 회원에게 추가로 제공해달라고 요청할 수 있다. 운영자는 플랫폼 소유자로서 잠재고객인 회원들에게 다양한 혜택을 제공하는 동시에 입점에 따른 광고 수익을 얻을 수 있다. 회원들에게 유용한 정보로 가득한 카페에서 특화된 가격의 제품이나 서비스까지 누릴 수 있다면 회원들의 충성도는 비약적으로 상승한다.

또한 회원들에게 유용한 무료 정보들을 제공하고 보다 상위의 정보들은 유료로 판매할 수도 있다. 강의, 교육, 출판, 부동산 등의 주제를 다룬 카페들이 대표적인 예다. '부동산 계약 시 사기 당하지 않는 방법 7가지'와 같은 목록형 무료 콘텐츠를 작성하여 카페 회원들이 볼 수 있게 게시할 수 있다. 무료 콘텐츠로 신뢰를 얻었다면 보다 직접적으로 회원들의 수익에 도움이 되는 정보로 강의나 교육 자료를 유료로 판매할 수 있다. 당신이 카페의 운영자 혹은 소유자라면 할 수 있는 일들이다.

사업적인 관점에서 수천 명에서 수십만 명의 예비 소비자 군단을 거느린 운영자는 기업조차 고개를 숙이는 힘을 갖게 된다. 플랫폼의 3가지 대표적인 기능만으로도 개인은 1인 사업가로 우뚝 서게 된다. 개인의 경제적 고민 해결은 물론 시간적 여유는 당연하다. 위의 3가지 플랫폼의 기능을 바탕으로 개인이 어떻게 플랫폼을 활용하여 압도적인 1인 사업가가 될 수 있는지 구체적으로 살펴보겠다.

구매 전환율을 높이는 것이 목표다

동네 주민을 상대로 하는 사업이든, 세계인을 상대로 하는 사업이든 사업의 큰 틀은 비슷하다. 사업의 주체가 고객에게 바라는 것은 크게 다르지 않기 때문이다. 사업의 주체가 고객에게 바라는 행동은 무엇일까? 또 사업에서 가장 중요한 것은 무엇일까? 두 질문의 답은 똑같다. 바로 전환(conversion)이다.

예를 들어 당신이 편의점 사장이라고 하자. 오늘 하루 100명의 손님이 다녀갔는데 그중 10명만 편의점 제품을 구매했다면 전환율(conversion rate)은 10퍼센트다. 이를 구매 전환율이라고도 한다.

전환은 어떤 비즈니스 목표를 갖고 있느냐에 따라 다르다. 앱 개발자에게 전환은 '앱 다운로드'다. 편의점 사장과 빵집 사장에게 전환은 '제품 구매'다. 신도시 부동산 중개업자에게 전환은 1차적으로는 '문의 전화나 방문'이고 최종적으로는 '매매나 임차 계약'이다.

전환은 그 자체로 매출이 되기도 하고 사업적 지향점이 되기도 한다. 그럼 이 전환을 일으키기 위해 먼저 해야 할 일은 무엇인지 생각해 보자.

다양한 마케팅 방법

사업 주체의 목표는 전환율을 높이는 것이고 사람이 많을수록 전환 확률은 높아진다. 사람들을 모으는 마케팅 방법은 매우 다양하다. 1인 플랫폼 창업가라면 다양한 마케팅 방식을 이해하고 그중 한두 가지만 활용해도 충분히 고소득을 기대할 수 있다. 마케팅 수단으로는 'TV 광고' '라디오 광고' '바이럴 마케팅' '책' '검색 노출' 등이 있다.

TV나 라디오 광고를 마케팅 수단으로 고려한다면 광고료를 넘어서는 이득을 볼 것이라는 확신이 있어야 한다. 아무런 전략 없이 광고에 엄청난 비용을 투자하는 사람이나 회사는 없다. 확실한 전략이 있을 때 돈을 투자하는 것이 사업의 기본이다.

페이스북, 인스타그램, 블로그, 유튜브 등 온라인 채널을 마케팅 수단으로 고려한다면 검색엔진 최적화(SEO)나 바이럴(입소문)을 일으킬 만한 기술과 콘텐츠가 있어야 한다.

양질의 콘텐츠를 직접 만들 수 있다면 사람을 모으는 능력에 관계없이 성공할 가능성이 매우 높다. 그러나 콘텐츠를 잘 만드는(양질의 콘텐츠를 발굴하는 것과 벤치마킹하는 것을 포함하여) 사람은 생각보다 많지 않다.

데이터(고객의 움직임)를 다양한 관점에서 보는 분석 스킬도 필요하다. 이를테면 어떤 사람이 내 사이트에 들어와서 어떤 글을 몇 줄까지 봤고, 몇 분이나 머물렀고, 어떤 링크를 눌렀는지 아는 것은 흥미를 넘어 사업 성패가 달린 문제다. 그에 따라 사이트 UI(User Interface, 사용자 인터페이스)뿐 아니라 UX(User Experience, 사용자 경험)를 고려한 디자인을 해야 한다.

예를 들어 30대 여성을 타기팅한 온라인 악세사리 사이트를 운영하고 있다고 해보자. 그런데 막상 데이터를 분석해보니 사이트 방문객의 대부분이 30대가 아닌 10~20대라면 해당 연령대에 맞게 온라인 사이트를 재편해야 한다. 쉽게 말해 UI는 컴퓨터 화면이나 사이트 디자인, 키보드 제품, 아파트 내부 인테리어 등 사람들이 사용할 수 있고 상호작용할 수 있게 만든 것이고, UX는 사용자가 제품이나 서비스를 사용하며 느끼는 총체적 경험 말한다. 'UX 설계'는 단순히 사용을 넘어 고객이 좋아하고 편한 방식까지 고려하여 설계하는 것을 말한다.

예를 들어 자신이 운영하는 온라인 사이트에 오는 사람들을 분석해보니 특정 제품군에 유독 트래픽이 많이 몰리는 것을 발견하였다. 그럼 사이트 운영자는 해당 제품군을 사이트 메인화면에 배치할 수 있다. 혹은 구매하기 버튼의 크기를 더 크게 하거나 버튼의 모양을 직사각형에서 둥근 원형으로 바꿀 수 있다. 단순히 만들어놓고 방치하는 것이 아니라 고객 행동을 분석하여 고객이 더 편하게 쇼핑하도록 설계하여 매출을 높이는 것이다. 이렇게 데이터를 분석하여 마케팅에 활용하는 방식에는 구글 애널리틱스(GA)가 대표적이다.

구매 전환율을 높이는 방법

구매 전환을 높이는 방법에는 '제한' '주기' '감정' '준거' '개입'이 있다.

첫째, 제한은 구매할 수 있는 기간을 정해놓거나 10명까지만 혜택을 제공하는 식으로 기간이나 인원을 제한하여 구매 전환율을 높이는 방법이다.

둘째, 주기는 유료로 구매하는 제품이나 서비스를 맛보기로 제공하여 유료 서비스를 경험시켜 구매 전환율을 높이는 방법이다.

셋째, 감정은 사람들의 감성을 자극하여 구매 전환율을 높이는 방법이다. '도와줘야겠다' '응원해야겠다' '이건 사도 되겠다'라고 동기부여를 하거나 판매자가 철저한 AS를 약속하거나 친절한 응대를 하는 것이다.

넷째, 준거는 잘 모르는 소비자에게 구매해도 좋다는 기준을 제공하여 구매 전환율을 높이는 방법이다. 특히 사용 후기는 강력한 효과가 있다.

다섯째, 개입은 소비자의 구매의사결정에 적극 개입하여 구매 전환율을 높이는 방법이다. 지금 당장 구매하라고 하면 소비자는 도망간다. 그러나 구매 결정의 직전 단계는 별로 고민하지 않는다. '장바구니에 담으면 사은품 증정' '1주일 써보고 싫으면 반품 가능' '오늘은 결제하는 날이 아닙니다' '상담 예약만 남기세요' 등은 대표적인 구매 전개입 전략이다.

다음 그림에는 구매 전환율을 높이기 위한 다양한 장치가 들어있다.

구매 전환율을 높이는 장치 예

상단을 보면, 이벤트 기간을 열흘로 한정하므로 이 기간 내에 구매해야만 혜택을 받는다고 해서 구매를 유도하고 있다. 또 '수험생을 응원합니다' '2015 수능대박' 등 인간적 요소를 강조하여 사람들의 마음에 호소하고 있다.

하단을 보면 댓글에 참여하는 모든 고객에게 총 6종의 파우치를 증정하여 경험하도록 했다. 유료로 판매되는 제품을 미리 맛보게 하여 구매를 유도한 것이다.

결정적으로 사람들에게 댓글을 달게 하여 실제 소비자의 목소리가 노출되게 했다. 댓글이 많을수록 예비 구매자들은 '사도 괜찮은 제품인가 봐'라는 인상을 받는다. 댓글은 구매 전환에 가장 강한 영향력을 끼친다. 사람들은 잘 모르는 제품이나 서비스에 대해서는 제대로 된 것인지 기준이 없기 때문에 구매를 주저한다. 그런데 후기가 많으면 이런 고민은 줄어든다.

고객이 다가오는 경로를 예측하라

온라인 사업의 시작 형태는 타인이나 업체의 콘텐츠(제품이나 서비스)를 온·오프라인에서 직접 판매하는 것이다. 판매 과정에서 네이버 키워드 광고 등을 이용하는 것이 일반적이다. 만약 당신이 온라인 쇼핑몰을 운영하고 있고 지금보다 매출을 대폭 상승시키고 싶다면, 고객들이 어떤 경로를 통해 당신의 온라인 쇼핑몰을 방문하는지 알아야 한다.

온라인 구매 경로를 먼저 파악한다

나는 얼마 전에 웹캠(웹 카메라)을 구매했다. 그 과정을 예로 들어 설명해보겠다. 온라인 동영상 촬영을 위해 웹캠을 구매하기로 했다. 니즈가 발생한 것이다.

노트북에 달린 웹캠은 사용해봤지만 더 자세히 알고 싶어서 일단 네이버에 '웹캠'을 검색해봤다. 그랬더니 유튜브, 인터넷 방송 등 다양한 연관 검색어가 보였다. 유튜버가 1인 미디어 시대의 선두인 만큼, 유튜버들이 많이 사용하는 웹캠을 본격적으로 검색해보기로 했다.

C920R이라는 제품이 구매 선상에 올랐다. 해당 제품에 대해 가격은 어느 정도인지, 같은 가격이라면 더 좋은 성능의 제품은 없는지 궁금했고 가격대, 브랜드, 성능, 디자인 등 다양한 방식으로 검색했다. 이 과정에서 C920과 C920R은 이름만 다를 뿐 같은 제품이라는 것도 알게 됐다.

C920R을 구매하기로 결정하고 이제 최저가로 판매하는 쇼핑몰을

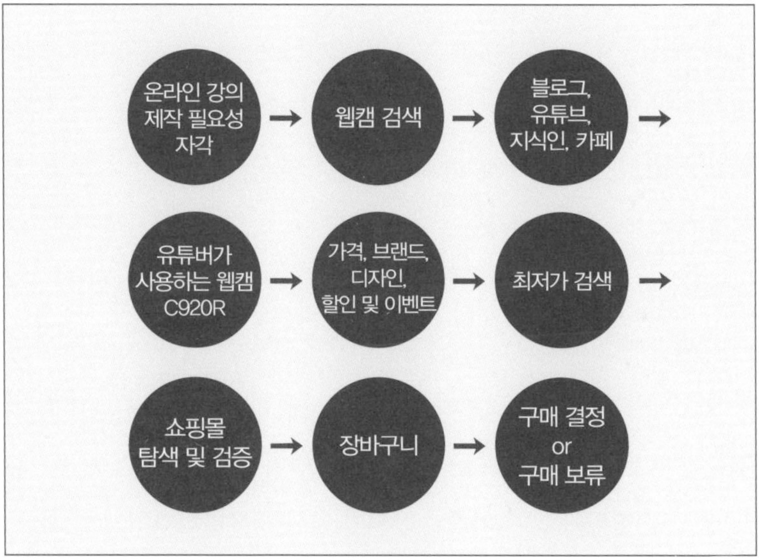

고객 접근 경로

찾았다. 각각의 쇼핑몰을 비교하며 구매한 사람이 많은지, 만족도는 어떤지 궁금해서 구매 후기나 포토 후기를 찾아보았다. 사람들의 구매 이력이 너무 적거나 배송이 너무 느리다는 후기가 많은 쇼핑몰은 거르고, 1,000원가량 더 비쌌지만 수백 명이 구매하고 대체로 배송도 빠르고 친절하다는 후기가 많은 쇼핑몰에서 최종적으로 구매했다.

웹캠을 사기 위해 처음부터 끝까지 내가 한 일은 바로 검색이다. IT시대의 핵심은 바로 정보 검색이다. '필요한 제품의 인지 → 포털사이트 검색 → 다양한 제품 발견 → 브랜드, 가격대, 디자인, 성능 검색 → 특정 브랜드 선택 → 최저가 쇼핑몰 검색 → 해당 쇼핑몰 검증 → 구매 결정 또는 구매 보류'라는 구매 경로를 거쳐 C920R 웹캠을 구매했다.

온라인 플랫폼 사업가는 자신의 플랫폼에 접근하는 소비자의 경로를 속속들이 알고 있어야 한다. 온라인 사업은 비대면 사업이다. 사람에 대한 스트레스가 덜하다는 것이 장점이라면, 사람들이 무슨 생각을 하고 어떤 말을 하는지 왜 내 제품이 팔리지 않는지 직접적으로 알 길이 없다는 것이 단점이다.

만약 당신이 웹캠을 판매하는 쇼핑몰을 운영한다면, 어느 경로에서 소비자에게 개입할 수 있을까? 당신의 쇼핑몰에 예비 소비자가 방문했을 때부터 당신은 소비자의 구매의사에 개입할 수 있다. 그럼 쇼핑몰 운영자가 무엇을 해야 할지 감이 올 것이다.

일단 쇼핑몰의 판매 이력과 후기가 많아야 유리하다. 소비자의 구매 후기는 긍정적일 수도 있고 부정적일 수도 있다. 부정적인 후기가 올라오더라도 소비자의 불만을 빨리 파악하고 잘 응대함으로써 위기를 기회로 바꿀 수 있다. 가령 배송이 늦었다면 왜 늦었는지, 빠른 배송을 위해 어떤 노력을 할 것인지 답변할 수 있다. 별 이유 없이 불만 후기를 남기는 고객도 있다. 이런 후기에 기분 나쁘다고 '그럼 다른 곳에서 구매하라'고 한다면 아마추어다. 후기는 구매자와 판매자만 보는 것이 아니다. 쇼핑몰에 방문하는 모든 사람이 본다. 구매 후기를 잘 관리하면 훨씬 높은 매출을 기대할 수 있다.

구매 경로를 고려해 플랫폼을 활용한다

구매 경로에서 정말 중요한 점 두 가지가 있다. 첫 번째는 나처럼 웹캠에 대해 잘 모르는 사람은 무작정 검색부터 시작하고 그 과정에서 구매하려는 제품이 달라지기도 한다는 것이다. 검색이 꼬리에 꼬리를 무는 과정에서 제품 분야에 대해 공부하면서 점점 자신에게 필요한 제품으로 접근해간다. 처음에는 대충 싼 제품을 고를 생각이었더라도, 제품의 다양한 종류와 성능을 알게 되면서 생각이 바뀔 수 있다. 이를테면 5만 원대 웹캠을 사려고 했다가 이것저것 비교해보고 10만 원이지만 가성비가 훨씬 좋은 제품을 사게 되는 것이다.

두 번째는 웹캠에 대해 어느 정도의 지식이 있는 사람은 무작정 검색하지 않는다는 것이다. 해당 분야에 대해 알고 있는 사람은 해당 제품의 커뮤니티를 통해 제품의 성능이나 평판 등을 찾아본다. 예를 들어 아이폰 사용자 중에 '아사모-아이폰 사용자 모임'이라는 네이버 카페를 모르는 사람은 거의 없을 것이다. 커뮤니티는 사람들의 니즈와 신뢰를 먹고 쑥쑥 자란다. 아이폰을 사용하면서 어떤 오류가 발생되었을 때 아이폰 유저들은 대개 아사모에서 검색한다. 수많은 사례를 볼 수 있고 그 안에서 '나와 똑같이 아이폰을 사용하는 사람들'과의 동질감과 소속감을 느낄 수 있기 때문이다. 이런 경험을 한 사람은 아이폰을 사용하든 사용하지 않든 아사모 카페에서 탈퇴하는 일은 없다.

'한성노트북 사용자 모임'이라는 카페도 있다. 처음엔 한성노트북을 주제로 만든 카페지만 지금은 노트북의 모든 브랜드를 주제로 다루는 대형 카페로 성장했다.

커뮤니티는 1인 플랫폼 사업가라면 절대 놓쳐서는 안 될 포인트다. 신뢰, 동질감, 소속감을 바탕으로 형성된 커뮤니티는 탄탄하고 훌륭한 플랫폼이 된다. 특정 제품이나 서비스를 검색하던 사람은 종국에 관련 커뮤니티(카페)를 만나고 자신이 필요한 정보를 계속 얻기 위해 가입하게 된다. 지식인이나 블로그 같은 단방향 커뮤니케이션으로 정보를 보는 것은 한계가 있다. 카페는 양방향 커뮤니케이션이 가능한 플랫폼이다. 해당 제품이나 서비스에 대한 시시콜콜한 이야기부터 전문성이 높은 정보까지 한곳에서 볼 수 있다. 소비자에게는 감성과 정보를 책임지는 도구이고 사업가에게는 고소득을 보장하는 강력한 도구가 플랫폼이다.

특히 네이버 카페는 특정 제품이나 서비스에 대해 전혀 몰랐던 사람은 물론 어느 정도 지식과 경험이 있는 사람을 모두 포용하는 온라인 플랫폼이다. 새로운 시장은 물론 이미 형성되어 있는 시장 모두를 장악하는 데 압도적으로 유효한 것이 플랫폼이라 할 수 있다.

자신의 플랫폼으로 오도록 경로를 조정하라

고객들은 경로를 잘 따라가다가도 중간중간 흥미를 잃고 이탈하기도 하고 더욱더 세밀하고 신중하게 검색하기도 한다. 온라인 플랫폼 운영자라면 고객이 자신의 플랫폼으로 오게 할 방법이 무엇인지 고민할 것이다. 사업가가 고객이 찾아오는 경로 전체에 대해 영향력을 발휘하는 것은 불가능하다. 그러나 공략할 지점은 분명히 있다.

고객이 원하는 정보를 파악한다

자신이 판매하는 제품이나 서비스에 대한 정보를 고객들이 어디서 가장 많이 찾아보는지 알면 된다. 핵심은 역시 네이버 카페와 같은 커뮤니티다. 해당 제품이나 서비스에 대해 온라인 커뮤니티를 찾아보면 그들이 뭘 원하는지 알 수 있다. 내가 판매하는 제품과 서비스를 구매할 때, 위험 요소가 무엇인지 궁금해하는 내용들이 전부 커뮤니티 내에 게시글과 댓글로 기록되어 있다. 사업가는 해당 커뮤니티에서 검색을 통해 얼마든지 '실제적인 고객 경험'을 공짜로 얻을 수 있다. 고객들이 품는 의문과 회피하고 싶은 위험 요소를 알아채고 해결한 판매자는 기업 수준의 매출과 고소득을 가져갈 것이다.

광고할 때에도 고객들의 의문과 위험 요소에 대한 대답을 내놓아야 한다. 예를 들어 블랙박스 커뮤니티에서 "블랙박스는 밤에 상대차의 번호판이 잘 보이지 않더라"는 글을 흔히 볼 수 있다. 차량 불빛 때문인데, 블랙박스 판매자라면 '밤에도 번호판이 선명하게 보이는 블랙박스'라는 광고 문구를 사용한다면 매출에 도움이 된다.

커뮤니티는 회원 간 소통으로 이루어지는 곳이다. 단 한 곳의 커뮤니티만 찾아봐도 사람들이 무엇을 궁금해하는지 무엇을 가장 걱정하는지 파악할 수 있다. 나도 커뮤니티를 찾아보며 고객이 원하는 바가 무엇인지 파악하는 데에 가장 많은 시간을 할애하고 있다. 사람들이 모여 있는 커뮤니티는 그 자체로 보물섬이다.

그런데 자신의 사업이 고객 경로의 어디쯤에 존재하는지조차 모르는 경우가 많다. 이는 애초에 사업이 잘될 리 없는 외진 곳에 가게를 열고 사람이 안 온다고 불평불만만 하는 것과 같다.

매출을 높이는 세 가지 조건

온라인 사업가가 바라는 고객의 행동은 바로 '전환'이다. 내 제품이나 서비스를 소비해주어야 먹고살 수 있다. 다음은 양질의 전환율, 즉 높은 매출을 만드는 세 가지 조건이다.

- 유효한 트래픽의 보유 여부
- 소비자가 구매하게 만드는 설득전략 보유 여부
- 소비자의 이탈율을 줄이는 개입전략 보유 여부

첫째, 유효한 트래픽을 보유하여야 한다. 온라인 사업은 판매 게시글을 통해 제품과 서비스를 예비 구매자에게 노출한다. 판매 게시글을 보는 사람이 아무도 없거나 제품을 구매할 가능성이 전혀 없는 사람들에게만 노출한다면 매출이 좋을 리 없다.

둘째, 설득전략을 보유하여야 한다. 애초에 해당 제품에 대해 관심이 없던 사람이라도 전략을 바탕으로 설득하여 구매에 이르게 할 수 있어야 한다.

셋째, 개입전략을 보유하여야 한다. 구매하기 전 예비 구매자의 최종 구매의사결정에 개입하여 소비자가 이탈하지 않고 구매에 이르게 하려면 고객에게 확실한 이득을 줘야 한다.

매출을 높이는 세 가지 조건을 좌우하는 요소는 '사업자인 내가 고객이 기대하는 것을 보여줄 수 있는지'다. 고객이 좋아할 만한 콘텐츠(제품이나 서비스)가 없다면 아무리 유효한 트래픽, 설득전략, 개입전략이 있다 하더라도 구매로 이어지지 않는다.

고객은 필요하다면 빚을 져서라도(할부 결제) 구매한다. 결국 본질로 돌아간다. 아무리 뛰어난 마케팅 기술과 경험이 있다 하더라도, 고객이 원할 만한 콘텐츠가 없다면 고소득은커녕 사업 자체가 어렵다. 결국 1인 사업가는 콘텐츠에 집중해야 한다.

사업의 문제점을 알려주는 매출 공식

사업 소득이 자꾸 떨어진다면 매출이 일어나는 경로를 점검해야 한다. 이는 오프라인과 온라인 모두 동일하다. 먼저 노출량이다. 사람들이 당신이 하는 사업을 알아야 당신이 제공하는 제품이나 서비스에 접근할 수 있다.

애초에 노출량 대비 유입률, 유입률 대비 전환율이 낮다면 고소득은 어렵다. 예를 들어 당신이 제과점을 운영하고 있고 제과점 홍보를 위해 전철역에서 전단지 1,000장을 뿌렸다고 가정해보자. 그 전단지를 보고 당신의 제과점에 온 사람은 10퍼센트인 100명이다. 그중 10퍼센트인 10명만 구매한다면 전환율은 1퍼센트다(1,000명 중 10명이 구매). 이 전환율에 이용단가를 곱하면 매출이 된다. 빵 1개에 1,500원이라면 매출은 15,000원이 된다.

이제 매출이 발생되지 않는 이유를 점검해보자. 먼저 노출의 절대

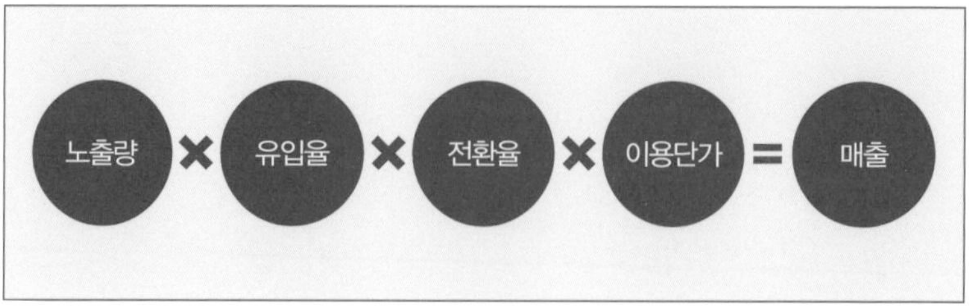

매출 공식

량은 100명보다 1,000명이 낫고 10,000명이 더 좋다. 노출량이 문제라면 노출량을 늘려야 한다. 노출에 비용이 든다면 노출량 증가에 따라 비용도 기하급수적으로 늘어난다. 온라인 플랫폼을 활용한 광고전략을 수립하면 비용 부담이 줄어든다.

노출은 잘됐는데 유입이 되지 않았다면 노출 전략에 문제가 있는 것이다. 마찬가지로 유입은 잘되었는데 구매로 전환되지 않았다면 최종 판매 전략에 문제가 있다고 판단할 수 있다.

고객이 고민하는 지점을 판매자가 설정해주는 전략을 세울 수도 있다. 예를 들어 "고객님, 제품 잘보셨어요? 괜찮지요?"라고 끝낸다면, 예비 고객은 이 제품이 괜찮은지 괜찮지 않은지만 고민하게 된다. 이때 "고객님, 제품 괜찮지요? 구매하시겠어요?"라고 하면 고객은 구매에 대한 고민으로 넘어간다. 고민하는 지점이 달라진 것이다. 클로징 멘트로 제품에 대한 호불호가 아니라 구매에 대한 고민을 직접적으로 심어주어야 한다. 물론 강하게 권하면 역효과가 날 수 있으니 주의한다.

매출 공식을 통해 사업 소득에 대한 문제점을 파악했다면 큰 문제가 되지 않는다. 드러나지 않는 문제가 진짜 문제다. 표면적인 문제들을 해결했음에도 사업 소득이 개선되지 않는다면 판매하는 제품이나 서비스 자체의 문제, 가격 문제, 판매자 자체의 문제 등을 점검해보아야 한다.

매출을 높여주는 알파 고객

필립 코틀러는 자신의 저서 《마켓 4.0》에서 고객 접근 경로 5A를 통해 고객이 다가오는 경로를 설명했다.

제품이나 서비스의 '인지'는 지인이나 광고 혹은 과거 자신의 경험을 통해 이루어진다. 나는 최근, 피부에 저자극이라는 '피지오겔 로션'을 지인을 통해 알게 됐다. 실제로 '피지오겔 로션'을 써보니 자극이 없어서 좋았다. '호감'이 생겨서 이 로션에 대해 좀더 찾아보기로 했다. 로션이 좋다고 '확신'하고 나니 해당 브랜드의 다른 제품에도 관심이 생긴 것이다. 대체로 사용 후기를 통해 해당 제품을 많이 찾아봤다. 그 중 바디로션 제품을 사기로 결정했고 최저가 검색을 통해 제품을 구매하는 '행동'을 취했다. 스스로 질문을 통해 '더 사도 괜찮겠지'라고 판단해 누가 떠밀지 않았는데 적극적으로 찾기 시작했다. 지금도 나는 이 브랜드의 제품을 사용하고 있으며 부모님께도 피부에 좋다며 선물해

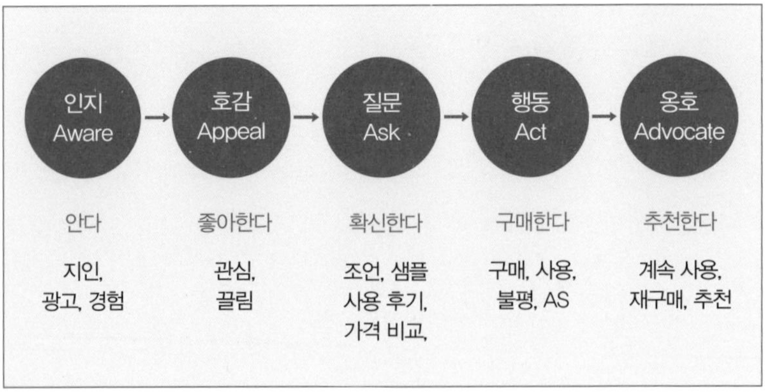

고객 접근 경로 5A

드렸다. 이 브랜드를 '옹호'한 것이다.

옹호 단계까지 왔다면 해당 고객은 충성 고객을 넘어 '알파 고객'으로 분류된다. 단골을 넘어서는 고객으로서 특급 고객이다. 알파 고객은 재구매는 물론 주변에 적극 추천하고 새로운 제품이 출시되면 가장 먼저 구매한다. 알파 고객이 많을수록 기존 매출은 유지되고 신제품 출시에 대한 부담이 줄어든다. 여기서도 매출을 높이는 힌트를 얻을 수 있다.

자신이 판매하는 제품이나 서비스를 사람들이 잘 모른다면 먼저 광고홍보 전략을 써야 한다. 좋은 제품과 서비스를 준비해놓는다면 광고를 통해 유입된 고객 대부분에게 호감을 주게 된다. 호감을 갖게 된 고객은 검색을 통해 사용 후기와 가격 비교를 통해 구매하게 된다. 구매 후 불평불만 고객이 발생할 수 있는데 이는 기회다. 고객이 가장 좋아하는 AS응대는 묻지도 따지지도 않고 1:1교환을 해주는 것이다. 자신의 사업 여건에 맞게 AS를 통해 고객에게 감동을 준다면 불평불만 고객이 도리어 더 좋은 판매량을 보장해줄 것이다. 이런 고객은 반드시 충성 고객을 넘어 알파 고객이 되기 때문이다. 사업은 돈벌기에 급급한 '장사'가 아니라 문제가 생겼을 때 해결하는 '비즈니스'임을 명심하자.

고객이 듣고 싶어 하는 말로 카피를 뽑아라

침몰하는 애플(apple)사를 기사회생시킨 카피 한 줄이 있다. 바로 "1,000개의 노래가 내 호주머니에(1,000 songs in your pocket)"라는 애플의 아이팟(IPOD) 광고 카피다. "이 제품은 3기가 바이트이고 무게는 200g입니다"라는 표현 대신 "노래 1,000곡을 넣을 수 있다"라는 쉬운 표현을 선택했다. 다른 경쟁자들이 제품의 특징만 나열해 광고할 때 애플은 카피 한 줄로 시장에서 승리할 수 있었다. 사람들이 듣고 싶어 하는 말을 한 것이다.

소비자의 니즈에서 키워드를 뽑는다

온라인 판매자는 '판매 글'을 통해 소비자를 만난다. 판매자인 당신이 하고 싶은 이야기가 아닌, 소비자가 좋아하는 말, 듣고 싶어 하는 말을 써야 한다. 판매 글은 판매하려는 제품이나 서비스를 중심으로 쓴다. 주요 내용으로는 '특징' '장점' '구매했을 때 이득'이 있다.

첫째, '특징'은 있는 그대로의 사양을 적으면 된다. "이 제품은 220볼트입니다" "무게가 180그램입니다" 등 제품 설명을 한다.

둘째, '장점'은 타 제품이나 서비스에 대해 비교우위가 있는 부분을 적으면 된다. "KBS 〈생생정보〉에 출연한 집입니다" "유기농 포도입니다" 등으로 표현한다.

셋째, '구매했을 때 이득'은 소비자가 해당 내용을 접했을 때 곧바로 '와, 좋은데?' 싶은 내용을 적으면 된다. "지금 구매하면 50% 할인됩니다" "한 개 사면 한 개 더 드립니다" "책임지고 1주일에 5킬로그램 감량" "사이즈 교환 택배비 무료" 등이 있다.

세 가지 중 가장 중요한 내용은 무엇일까? 무엇이 예비 소비자로 하여금 '그래, 좀 비싸더라도 사야겠다'라는 마음이 들게 하는 요소일까? 단연 '구매했을 때 이득'이다. 특징이나 장점도 분명히 구매욕을 자극하지만 한 방이 없다. 그럼 '구매했을 때 이득'이 왜 구매로 이어지는 데 강력한 요소인지 예를 들어 설명하겠다.

〈그림 1〉은 네이버에서 '다이어트'라는 키워드로 검색했을 때 나오는 파워링크 화면이다. 파워링크는 네이버 광고 시스템에서 돈 주고 하는 검색 광고(CPC, 클릭당 과금)다. 빨간색 네모로 표시한 곳은 설명 란이다.

다이어트라는 키워드는 경쟁이 치열하다. 참고로 이렇게 최상단에 노출되려면 적어도 1클릭당 몇 천원에서 몇 만 원이 책정될 수도

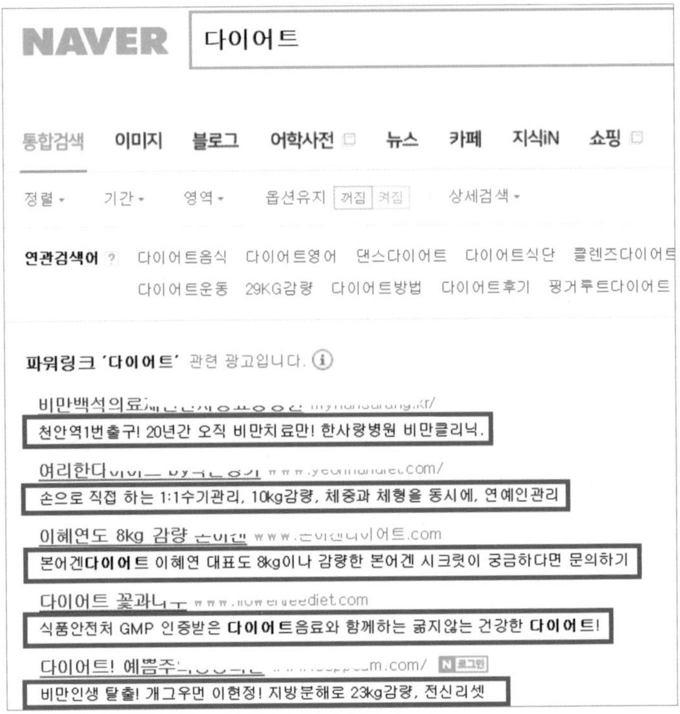

〈그림 1〉 '다이어트' 파워링크

있다. 예를 들어 하루 100클릭이고 1클릭당 4,000원이라면 40만 원이고, 한 달이면 1,200만 원짜리 광고다. 업체의 자본력에 따라 다르겠지만 '다이어트'는 개인이 상위 노출을 노리고 잡기에는 어려운 키워드다. 여기서는 키워드 선정을 공부하는 의미로 비싼 광고들의 설명란을 해부해보겠다.

첫 번째 설명을 보자. '천안역 1번 출구' '20년간 오직 비만 치료만'이라는 문구가 있다. '나는 이곳에서 꼭 비만치료 받고 싶다!'라는 마음이 드는가? 바로 구매하고 싶게 만드는 결정타가 보이지 않는다. 천

안역 1번 출구라는 표현은 지역을 한정해서 광고하면 되기 때문에 굳이 넣지 않아도 되고, 20년간 비만 치료만 해온 것은 광고 내용만으로는 검증되지 않는 특징에 불과하다.

두 번째 설명을 보자. '손으로 직접하는 1:1 수기관리'는 수기관리가 정확히 무얼 의미하는지 잘 모르겠지만 1:1이라는 부분에 눈길이 간다. '10킬로그램 감량' '체중, 체형 동시 관리'라는 문구도 보인다. 10킬로그램 감량은 차라리 1주일이나 30일과 같이 기간을 나타내는 말과 함께 썼으면 더 좋았을 표현이다. '연예인 관리'라는 말은 조금 혹할 수는 있다. 하지만 연예인이라면 연예인 누구인지 밝힐 수 있다면 밝히는 것이 좋다. 그렇지 않다면 특징에 불과하다. 결국 두 번째 네모에서 눈에 띄는 것은 '1:1관리' 정도다.

세 번째 설명을 보자. 일단 '본어겐 다이어트'가 얼마나 대단한 것인지는 몰라도 별로 문의하고 싶은 마음이 들지는 않는다. 소비자들은 이 표현의 뜻을 찾기 위해 다시 새로운 인터넷 창을 열고 검색해보지 않는다. 글자수가 45자로 정해진 공간에 본어겐의 뜻을 풀이하는 것도 비효율적이다.

네 번째 설명을 보자. '식품안전처 GMP 인증받은 다이어트 음료와 함께하는 굶지 않는 다이어트'라는 문구다. 식품안전처와 GMP 인증 음료가 예비 구매자에게 어떤 이득이 있는지 아무런 설명이 없다. 그다지 많은 클릭을 받을 것 같지 않다.

다섯 번째 설명을 보자. '비만 인생 탈출, 개그우먼 이현정 23킬로그램 감량, 전신 리셋'이라는 문구가 보인다. 앞서의 설명들이 그다지 좋지 않은 것에 비해서는 반가운 내용이다. 지금까지 비만으로 고생했던 어려움에 탈출구가 보이고, 개그우먼 이현정 씨도 23킬로그램 감량했다는 다소 구체적 내용이 소비자의 머릿속에 '나도 23킬로그램 감량해서 비만인생 탈출할 수 있을까?'라는 구체적인 니즈를 생성한다.

만약 내가 다이어트가 급한 소비자라면 두 번째와 다섯 번째에 있는 업체를 클릭할 것이다. 병원의 위치, 20년 비만 치료에 매진한 삶, 식품안전처, 수상 내역 등은 소비자에게 별로 어필되지 않을 내용이다. 판매자인 내가 자랑하고 싶은 이야기지 소비자가 듣고 싶어 하는 내용이 아니다. 구체적으로 이 제품이나 서비스를 구매했을 때, 소비자에게 직접적으로 다가오는 이득이 무엇인지 소비자는 2초 만에 본능적으로 찾아낸다.

키워드로 구체적인 이득을 제시한다

검색 노출 순위 1등이라고 해서 클릭을 많이 받는 것이 아니다. 소비자에게 매력적인 설명이 있는 곳이 클릭을 받게 되고 이는 소득과 직결된다. '소비자가 듣고 싶어 하는 이야기, 소비자가 구매했을 때 얻는 이득'은 오프라인이든 온라인이든 상관없이 모든 판매 글에 적용되는 이야기다.

소비자에게 구체적인 이득 제시는 판매자의 소득을 지배하는 요소다. 이는 판매자가 어떤 소비자층을 얼마나 세분화(segmentation)해서 조준(targeting)했느냐에 따라 성과가 달라진다.

〈그림 2〉는 네이버에서 남성 옷으로 검색했을 때 나온 화면이다.

검은색 네모는 소비자의 구매욕구에 별로 도움되지 않는 내용을 보여주는 것이고, 빨간색 네모는 소비자가 이득으로 느끼는 부분을 표시한 것이다.

소비자는 구체적이고 자신이 좋아하는 말만 감각적으로 찾아낸다. 이 중에 첫 번째로 '자체 제작으로 타사보다 배송 2배 빠름'이라는 문구에 눈이 가서 직접 클릭해서 들어가봤다. 그러나 실제로 배송이 2배로 빠른지는 확인할 길이 없었다.

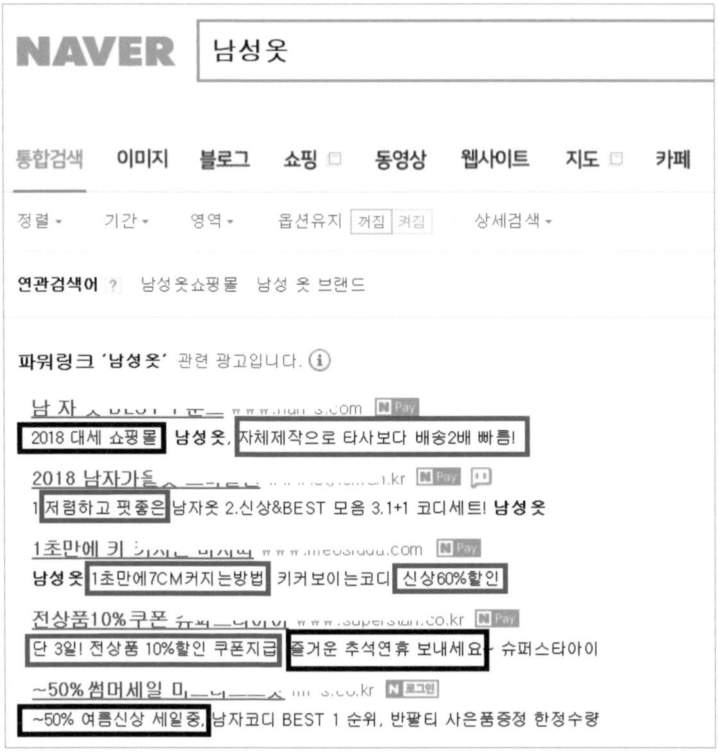

〈그림 2〉 '남성 옷' 파워링크

확실한 이득을 전달하는 문구는 해당 업체 사이트에 클릭해서 만나는 첫 번째 페이지인 랜딩 페이지(메인)에 배치하는 것이 좋다. 그러면 소비자들이 들어왔다가 그냥 나가는 횟수를 상당히 줄일 수 있다. 이탈율은 줄이고 구매 전환율은 높이는 게 핵심이다.

상위 노출보다
양질의 콘텐츠가 먼저다

온라인 사업자들은 상위 노출의 프레임에서 벗어나기 힘들다. 온라인 카페나 블로그를 상업적으로 키우는 1인 플랫폼 사업가나 온라인 판매자는 자신의 글이나 제품이 상위에 노출되도록 노력한다. 온라인 사업에 진출해서 어느 정도 시간이 흐르면 반드시 이 '상위 노출'이라는 벽 앞에 서게 된다. 상위 노출 관련 강의도 많다.

상위 노출을 바라는 사람들의 목적은 단 하나다. 바로 소득이다. 자신의 콘텐츠를 최대한 많이 노출시켜서 매출을 높이고자 한다. 상위 노출만 된다면 지금의 암울하고 답답한 상황에서 벗어나 내 사업에 날개가 달릴 거라는 믿음을 가지고 있다. 그럼 정말 상위 노출되는 방법을 알면 돈을 많이 벌게 되는 걸까? 내 소득이 결정되는 지점은 상위 노출이 잘되는 바로 그 지점이 맞을까? 이 질문의 옳고 그름을 따지기 전에 상위 노출은 무엇인지, 어떤 것이 상위 노출이 되는지 알아볼 필요가 있다.

상위 노출만이 정답이다?!

네이버에서 상위 노출되는 알고리즘이나 로직을 100퍼센트 아는 사람은 없다. 사실 이 부분은 네이버의 엔지니어도 모른다는 게 정설이다. 상위 노출은 네이버에서도 특정 인원만 알고 있으며 그들만이 컨트롤한다는 말이다. 따라서 상위 노출 문제와 관련해서는 전부 모른다고 하는 것이 맞다.

경험상 상위 노출되는 방식을 우연히 알 수는 있으나 지속적이지는 않다. 네이버 정책도 매번 바뀌므로 상위 노출에 목숨 거는 사람이나 업체는 정책이 바뀔 때마다 연구하고 시도해서 새로운 상위 노출 가능성이 있는 방법을 알아내야 한다. 이 방면으로 전문성을 가진 업체든 전문가든 경험적으로 "이렇게 해야 상위 노출된다" "이렇게 하면 좋다"라는 이야기는 할 수 있지만, 참고만 하기 바란다.

그럼 여러 사례를 통해 상위 노출의 단면을 살펴보겠다. 〈그림 1〉은 네이버 모바일 화면이다. 우리는 영화관 정보가 궁금하거나 옷 가격이 궁금할 때 포털사이트 검색어 입력란에 해당 단어를 입력하여 검색한다.

빨간색 네모 안은 모바일 화면에서 보이는 모든 메뉴다. 참고로 우리가 어떤 내용을 검색창에 입력했는지에 따라서 나오는 메뉴들이 다르다. 예를 들어 '기시감'이라는 단어를 검색창에 입력하면 메뉴 중 '지

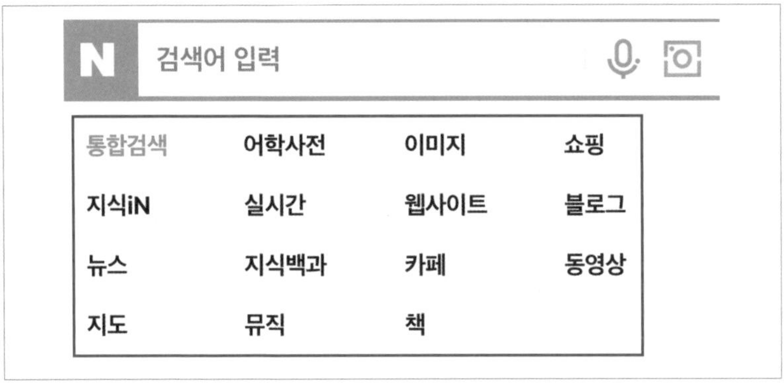

〈그림 1〉 네이버 모바일 카테고리

식백과'가 맨 처음 나와서 기시감의 뜻이 무엇인지 가르쳐준다. '옷'이라는 단어를 검색창에 입력하면 옷 관련 상품들이 최상단에 나온다. 네이버 검색은 똑똑하며 계속 똑똑해지고 있다. 〈그림 2〉는 '옷'을 검색했더니 나온 화면이다. '파워상품'이라는 메뉴가 등장하고 클릭하고 싶게 만드는 상품들이 등장한다. 그럼 이 최상단에 노출된 업체는 과연 '옷'이라는 광범위한 검색어 전쟁에서 어떻게 1등으로 노출됐을까? 궁금하면 사진 상단의 '옷 관련 광고?'를 클릭해보면 된다.

〈그림 3〉은 네이버 광고 노출 기준 설명 화면이다. 광고 노출 기준은 '광고주의 입찰가'라고 친절히 설명해준다. 그렇다. 돈을 내야 최상단에 노출된다. 입찰가라는 단어에서 감이 오듯 경쟁자들과의 입찰을 통해 최상단 노출의 기회를 맞게 된다.

〈그림 4〉와 〈그림 5〉를 보자. 〈그림 4〉는 스마트폰으로 '옷'을 검색한 것이고, 〈그림 5〉는 PC로 '옷'을 검색한 것이다. 스마트폰 화면에서는 71,696개의 상품이 검색된다.

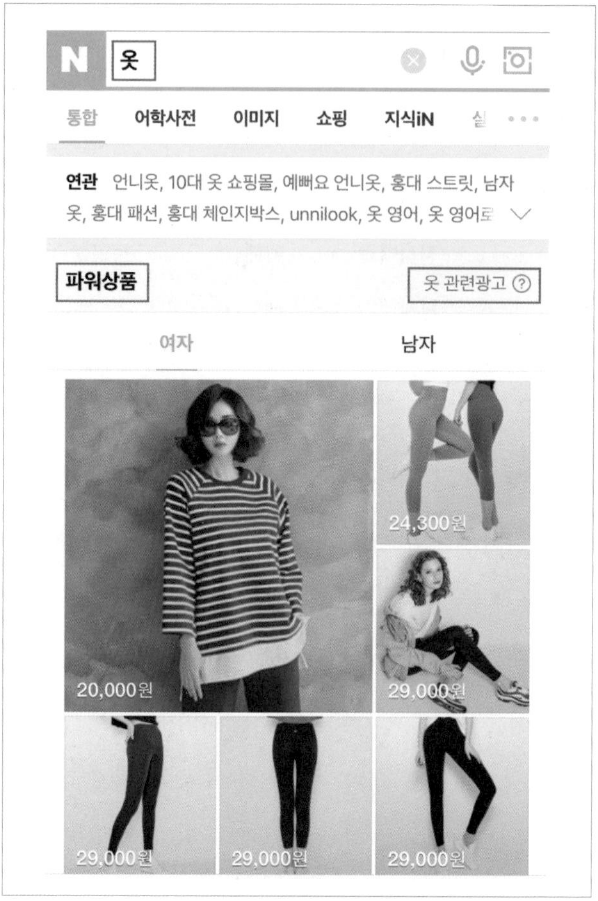

〈그림 2〉 '옷' 검색

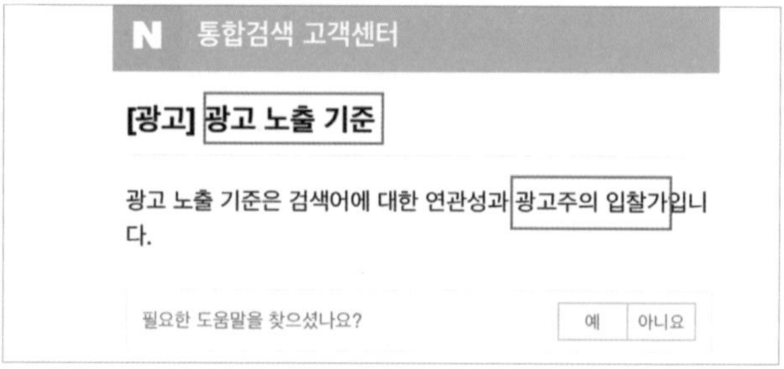

〈그림 3〉 네이버 광고 노출 기준

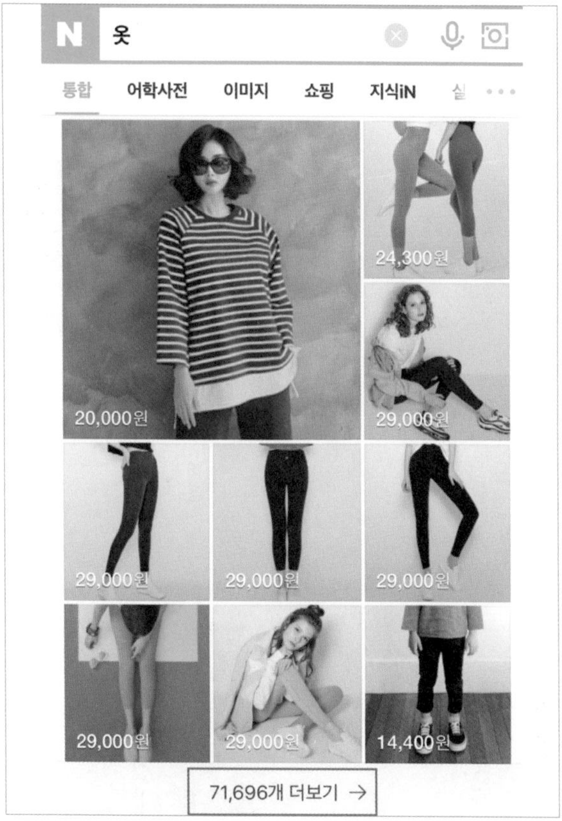

〈그림 4〉 '옷' 모바일 검색

<그림 5>를 보면 '옷'이라고 검색했을 때 아까 모바일 화면에서 봤던 파워상품이 오른쪽 상단에 노출된 것을 확인할 수 있다. 이 파워상품에 입찰하면 모바일과 PC버전 모두 노출된다는 사실을 알 수 있다.

<그림 6>을 보자. PC 화면에서 '옷'을 검색했더니 100,576,320건이 나온다. 옷으로 검색되는 상품이 1억 건이 넘는다. 한 명이 수십 개에서 수백 개를 팔고 있을 수 있지만 소비자의 입장에서는 1억 건이

〈그림 5〉 '옷' PC 검색

〈그림 6〉 '옷' 쇼핑 탭(PC)

넘는 선택의 폭이 있고, 판매자 입장에서는 모든 개별 상품이 자신의 경쟁자다.

〈그림 6〉에서 주목할 것은 빨간 테두리로 나타낸 ⓘ 광고'라는 네모 박스다. 돈 내고 광고했다는 뜻이다. 마찬가지로 입찰을 통해 상

위 노출 기회가 주어진다. 맨 위의 광고 바로 밑의 제품을 보면 평점 4.2에 리뷰가 999건을 넘었고 해당 상품에 대한 찜도 111개나 된다. 그 밑의 상품도 리뷰와 찜이 많다. 돈 안내고 광고하려면 소비자들이 이토록 많이 사고 리뷰도 많이 달아주고 찜도 많이 해줘야 상단에 노출된다는 사실을 알 수 있다.

<그림 7>에도 <그림 6>과 같은 현상이 보인다. 광고 제품은 리뷰나 찜이 없어도 상위에 노출된다(물론 있는 경우도 있긴 하다).

<그림 8>은 '가방'을 검색한 화면이다. 가방도 다분히 상업적인 검색어이므로 상품 먼저 노출된다. 마찬가지로 입찰을 통해 상단에 노

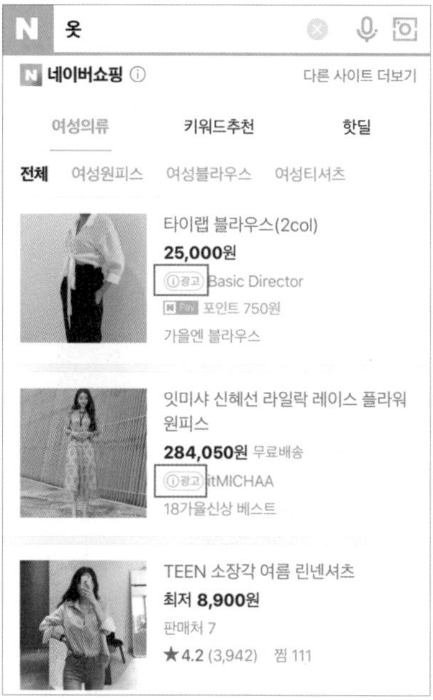

〈그림 7〉 '옷' 쇼핑 탭(모바일)

〈그림 8〉 '가방' 쇼핑 탭

출됐다.

참고로 네이버 광고 시스템에 접속하면 광고 입찰부터 다양한 관련 업무를 수행할 수 있다. 잘 모르겠다면 네이버 공식 광고 대행사에 의뢰하여 해결할 수 있다. 이 네이버 공식 광고 대행사는 네이버 광고 시스템에서 확인할 수 있고 따로 수수료를 내지 않아도 된다. 이 내용들을 관련 강의들에서 다루기도 하지만 굳이 강의까지 들을 내용은 아니라고 본다.

〈그림 9〉에서도 '①광고' 표시 붙은 제품이 상위에 노출되어 있다. 반갑게도 리뷰와 찜이 몇 개씩은 있다.

〈그림 10〉은 〈그림 9〉에서 나온 '①광고' 제품 바로 밑의 제품

〈그림 9〉 ① 광고 제품

〈그림 10〉 ① 표시가 없는 제품

들이다. 클릭해서 열어보면 돈을 투입한 '(!)광고' 제품들에 비해 리뷰와 찜수가 월등히 많다.

<그림 11> 모바일 화면 상단에서 하단으로 내려보면 중간에 또 돈주고 입찰한 '(!)광고'를 만나게 된다. <그림 11>이 그 화면이다. 하단 제품은 리뷰나 찜이 없지만 바로 위 제품은 리뷰가 300개가 넘는다. '(!)광고'를 한 업체 로터프에 클릭하여 들어가볼 필요가 있다. 정말로 리뷰가 없는지 말이다. <그림 12>는 해당 업체에 들어갔을 때의 화면이다. 확인해보니 리뷰가 없었다.

'옷'과 '가방'이라는 검색어로 간략히 네이버 상위 노출에 대해 알아봤다. 살펴보니까 어떤가? 상위 노출되면 소득이 수천만 원씩 혹은 판

〈그림 11〉 (!) 광고 제품 리뷰 비교

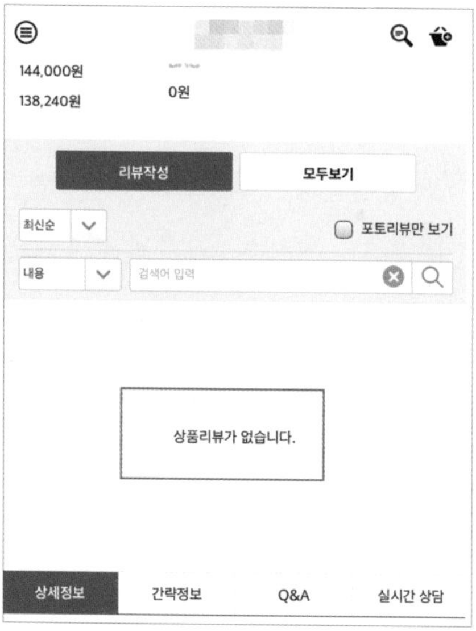

〈그림 12〉 (!) 광고 리뷰 확인

매량이 몇 배씩 늘어나는 게 보이는가? 전혀 그렇지 않다. 왜 그럴까?

좋은 제품은 100명에게만 노출되도 잘 팔린다. 나쁜 제품은 1만 명에게 노출되도 팔리지 않는다. 진리다. 좋은 제품이라면 판매량에 날개를 달아주는 게 상위 노출이고, 나쁜 제품이라면 시장에서 빨리 사라지게 만드는 것 또한 상위 노출이다. 비싼 광고료를 냈는데 팔리지 않는 제품을 두세 번 더 광고비를 집행하는 사람은 없다. 이런 점에서 상위 노출은 사업의 성패와 긴밀한 연관성이 있다.

상위 노출 이전에 '좋은 제품'이어야 한다

기본적으로 좋은 제품이란 가격, 트랜드, 시즌이 맞아떨어지는 것이다. 많이 팔리려면 프랑스 패션쇼에나 나올 법한 난해한 제품은 곤란하다. 특히 옷이나 가방은 사람들이 재미있어 하는 제품보다는 익숙하고 단순한 것이 잘 팔린다.

브랜드 제품은 언제나 대환영이다. 브랜드 제품은 판매자도 구매자도 좋아한다. 브랜드라는 것은 일단 수많은 설명을 생략해도 되고 검증됐다는 인상을 준다. 브랜드 제품을 팔라는 말이 아니다. 괜찮은 제품이 있으면 광고하고 괜찮은 제품이 없으면 광고하지 말라는 말이다. 상위 노출이 모든 상황을 푸는 실마리나 해결책이 될 수는 없다.

온라인 판매는 누구나 같은 제품을 공급받을 수 있고 누구나 판매할 수 있다. 이 점은 온라인 판매의 분명한 한계점이다(세팅이나 패키지를 달리하여 이 한계를 극복할 수는 있다). 기술적으로 판매 상품의 중복 등록이나 상위 노출에 결정적 역할을 하는 판매량과 리뷰 작업을 대행업체를 통해 조작하여 상위 노출을 꾀하는 것은 개인의 선택이지만, '좋은 콘텐츠가 소득을 지배한다'는 원칙의 관점에서는 지속적인 사업 성공의 해법이 되지 못한다.

나도 이런 특성을 잘 알기 때문에 상위 노출이라는 주제로는 강의하지 않는다. 회원으로 직접 침투하여 경쟁 없이 판매하는 방식을 통해 '기울어진 운동장(공정한 경쟁이 불가능한 상황을 비유적으로 이르는 말)'에서 벗어나 개인도 얼마든지 훌륭한 소득을 거둘 수 있는 방식을 강의하고 있다. 여러모로 여유가 없는 개인의 입장에서 사업하는 고충과 판매시장의 본질을 경험을 통해 알고 있기 때문이다.

돈을 들여 광고해서 상위 노출된 제품이든 사람들에게 인기가 좋아서 상위 노출된 제품이든 실은 상위에 '노출된' 것이 아니라 네이버에서 상위에 '노출시켜준 것'이라는 점이다. 그럼 네이버가 상위 노출을 시켜준 것에 대해 판매자가 고마워해야 할까? 천만의 말씀. 잘 팔리는 제품을 보유한 판매자에게 네이버가 "너는 상위 노출이라는 큰 은총을 받은 줄 알아라" 하면서 상위 노출을 시켜주는 것이 아니다. 도리어 네이버 측에서 "좋은 콘텐츠를 우리 네이버에 올려주셔서 고맙습니다" 하면서 상위 노출을 시켜주는 것이다. 네이버 스스로도 좋은 콘텐츠 확보만이 살 길임을 잘 알기 때문이다.

만약 '옷'을 검색했는데 판매량도 낮고 리뷰도 없으며 인기도 없는 옷들이 네이버 추천으로 상단에 게시된다면 사람들은 다른 온라인 플랫폼으로 떠날 것이다. 네이버에서 검색했어도 나에게 필요하거나 유용한 것들이 바로바로 나타나지 않으면 네이버로서도 심각한 타격인 것이다.

온라인 플랫폼 운영시 게시판 관리도 중요하다

마찬가지로 상업적 카페에서도 일반적으로 광고나 스팸활동은 허용되지 않는다. 이는 카페를 이해하고 운영하는 데 중요한 부분이다. 가입해서 맹목적으로 자신의 사업을 홍보하는 스팸성 글만 쓰는 회원은 활동 정지나 강제 탈퇴 처리된다.

카페 운영자는 자신의 카페 내에서 광고와 홍보활동은 허용하지 않는다. 회원들이 무분별한 광고와 스팸에 노출되지 않도록 자신의 사업장인 카페를 보호하고 유지하기 위해 애쓴다. 회원들이 카페에 들어왔는데 광고나 홍보 게시글만 넘쳐난다면 다른 카페로 가면 그만이지 굳이 해당 카페에 올 이유가 없기 때문이다.

카페 운영자에게 광고비를 낸 사람에게는 정해진 틀 내에서만 광고 홍보활동을 허용해야 한다. 그래야 카페 게시판에 광고 게시글이 넘쳐나는 것을 방지하고 회원들이 좋아하는 카페를 계속해서 유지할 수 있다.

네이버가 '네이버라는 시장'을 지키는 것과 카페 운영자가 '자신의 카페'를 지키는 것은 추구하는 목적이 정확히 같다. 하는 일의 범위만 다를 뿐 사업을 지키는 본질은 온라인 플랫폼이므로 다르지 않다는 말이다.

마지막으로 네이버 카페와 블로그에서 상위 노출이 잘되었는데 전혀 효과가 없는 사례를 더 살펴보도록 하자. <그림 13>은 '옷'으로 검색했을 때 카페 카테고리 화면이다. '옷 냄새 제거 LG트롬 스타일러 짱'이라는 글이 카페 분야에서 1위를 차지했다. 어떤가? 도움이 좀 될 느낌의 제목인가? 상위 노출된 글을 보고 싶은 사람은 많지 않을 것이다.

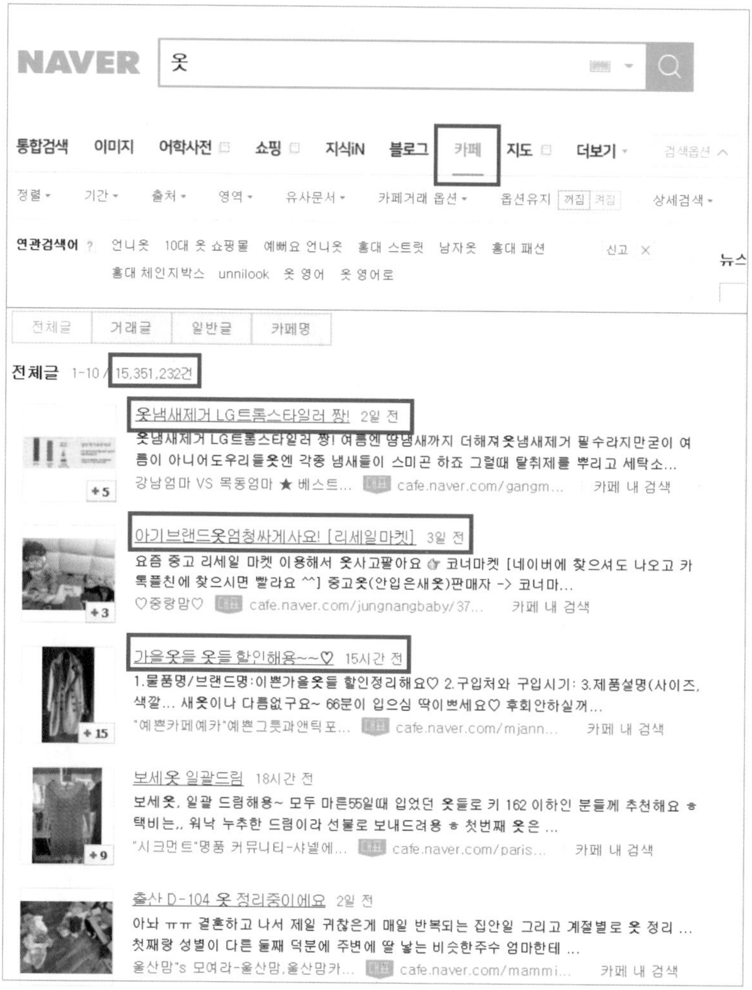

〈그림 13〉 '옷' 검색시 카페 탭

<그림 14>는 이 글을 클릭했을 때 화면이다. 상위 노출 1위인 글인데도 조회 수는 33이고 좋아요 수는 0이다.

<그림 15>는 '옷'으로 검색했을 때 블로그 카테고리 화면이다. 상

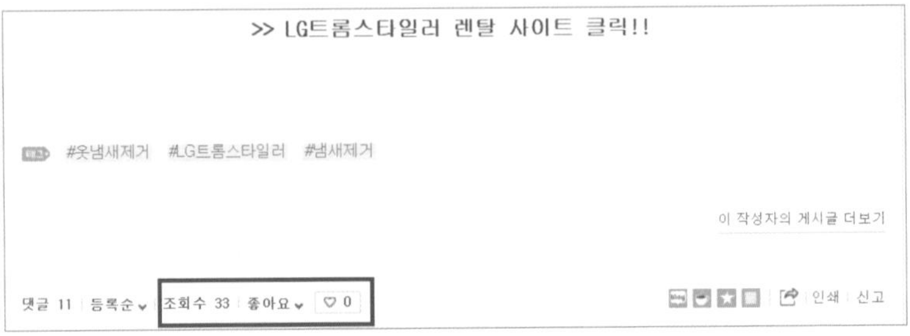

〈그림 14〉 '옷' 카페 탭 상위 노출 1위

〈그림 15〉 '옷' 검색시 블로그 탭

위 노출 최상단의 글도 짐작이 가는 내용이다. 여전히 광고성 콘텐츠가 검색시장의 상위를 점령하고 있다는 점은 네이버가 해결해야 할 과제이기도 하다. 다행인 것은 그다지 조회 수가 높지 않다는 것이다.

상위 노출이 답이 아니라 시장을 세분화해서 접근하고 그 시장에서 사업가로서 온라인 플랫폼을 운영하며 전문성을 띠고 있는 것이 훨씬 좋은 '거미줄'이다. 거미줄을 많이 칠수록 무언가 걸릴 확률이 높아진다.

6장

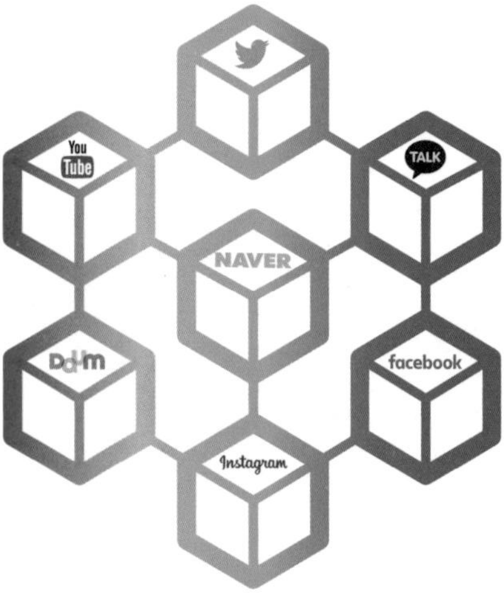

잘나가는 플랫폼의 성공 비밀

플랫폼이 살아 있다

네이버에는 1,000만 개(주제별 796만 개, 지역별 250만 개)가 넘는 카페가 있다. 우리가 상상하는 것보다 훨씬 많은 주제의 카페가 존재한다. 사람들이 카페에 오는 이유는 욕망 때문이다. 욕망은 크게 '친해지고 싶은 욕망' '정보를 공유하고 알고 싶은 욕망' '돈을 벌고 싶은 욕망' '성장하고 싶은 욕망'으로 분류할 수 있다.

사람의 주된 욕망을 카페 주제로 분류한 것은 카페의 기능을 이해하기 위해서일 뿐 큰 의미는 없다. 카페는 규모가 커질수록 다양한 주제를 담을 수 있기 때문이다. 주제가 자동차 카페라고 해도 해당 카페에서 자동차 이야기만 교류하지는 않는다. 맘카페만 보더라도 육아, 살림, 병원, 맛집, 취업 정보, 부동산, 외국어 공부 등의 주제로 활발히 소통하고 있다.

수천 명에서 수만 명 이상의 엄마들이 모여 있는 맘카페는 그 자체로 거대한 소비 집단이다. 지역 맘카페의 경우 해당 지역의 병원, 백화점, 아울렛, 학원, 식당, 네일숍, 철물점 등이 입점해 있다. 합법적인 모든 사업자가 맘카페를 통해 제품과 서비스를 판매할 수 있다. 이런 점 때문에 지역 맘카페는 '카페의 여왕'이라고 불린다.

사실 이런 친목이나 정보 공유, 사업활동은 맘카페뿐만 아니라 다른 주제의 카페에서도 얼마든지 가능하다. 운영자가 어떤 콘셉트로 카페를 만들었는지가 이를 결정한다. 명품 주방식기가 주요 콘셉트인 '예카'라는 카페만 보더라도 그 안에서 육아, 살림, 패션, 법률상담, 여행, 인테리어, 공동구매 등이 활발히 진행되고 있다. 기업 형태라고 봐도 무방할 정도다. 〈그림 1〉은 그릇이 메인 주제인 카페의 카테고리다. 인테리어, TV방송, 여행, 반려동물, 패션, 살림, 해외 동포 등 다양

〈그림 1〉 '그릇' 주제 카페의 카테고리

한 주제를 종합적으로 다루고 있음을 알 수 있다.

살아 있는 카페 vs. 죽어 있는 카페

만들어놓았다고 카페가 저절로 굴러가는 것은 아니다. 카페 회원 수가 10만 명이라고 해서 엄청난 소득이 발생하는 것도 아니다. 카페를 사업적으로 활용하기 위해서는 절차가 필요하다. 그렇다면 살아 있는 카페를 어떻게 구분할 수 있을까?

카페의 본질은 글이다. 카페는 글로 이루어져 있다. 온라인 사업은 글로 시작해서 글로 끝난다. 카페에 글이 없다면 그 카페는 죽은 것이다. 지금까지 카페에 누적된 글의 개수가 100만 개라 할지라도 매일 새로운 글이 올라오지 않는다면 죽은 카페다. 그럼 살아 있는 카페와 죽어 있는 카페를 구분하는 방법을 좀더 구체적으로 살펴보자.

〈그림 2〉는 네이버 카페에서 '주제별 카페 - 교육' 카테고리의 일부로, 소득이 전혀 발생되지 않는 죽어 있는 카페의 예다. 빨간색 네모 안의 숫자가 최근 '새글 수'다. 맨 위 카페는 새글 수 11개이고 가장 아래 카페는 새글 수가 0개인 것을 볼 수 있다. 반드시 새글 수 0개라고 해서 꼭 죽어 있는 카페라고는 말할 수 없다.

참고로 빨간 네모 바로 위의 숫자는 해당 카페에 누적된 총 게시글의 숫자이고 바로 위의 상단 숫자는 회원 수를 나타낸다. 일단 새글 수 0개인 '호주 완전정복' 카페를 좀 더자세히 들여다보자.

〈그림 3〉은 '호주 완전정복' 카페의 PC 화면이다. 빨간색 네모를 기준으로 설명하겠다. 먼저 좌측 최상단 빨간색의 '59,534'라는 숫자

〈그림 2〉 '교육' 카테고리 카페 순위

는 이 카페의 총 회원 수를 말한다. 바로 밑에 '즐겨 찾는 멤버, 게시판 구독 수, 우리 카페 앱 수'라는 항목이 있다.

'즐겨 찾는 멤버'는 해당 카페를 즐겨찾기해놓은 회원의 수다. 즐겨찾기를 해두면 모바일 버전인 네이버 카페 앱이나 PC버전에서 카페가 최상단에 보이게 된다. 즐겨찾기해놓은 회원이 많을수록 카페가 보다 활성화된다. '게시판 구독 수'는 카페 내 여러 게시판 중 회원이 좋아하는 게시판에 새글이 생성되면 알려주는 기능이다. '우리 카페 앱 수'는 모바일 네이버 카페 앱에서 해당 카페에 바로 접속할 수 있도록 스마트폰 바탕화면에 해당 카페 아이콘을 설치한 회원의 수를 말한다.

세 가지 항목은 모두 해당 카페에 회원이 쉽게 접속할 수 있도록

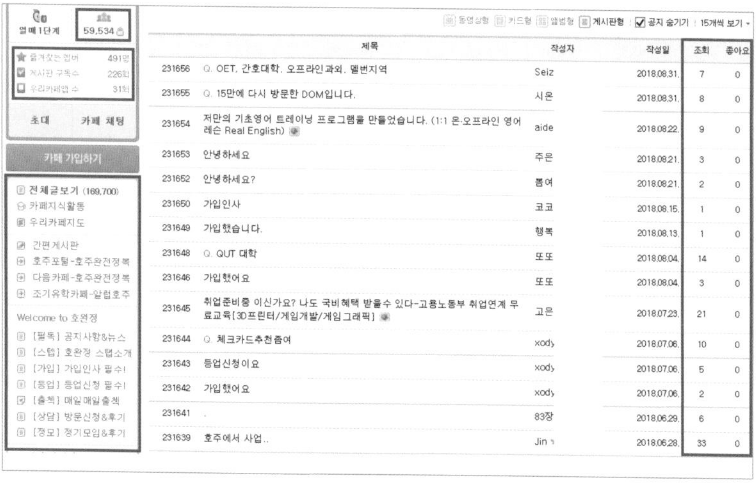

〈그림 3〉 '호주 완전정복' 카페 게시판

해주는 기능이다. 회원 수에 관계없이 카페의 단골을 만들어주는 중요한 기능이기 때문에 공지사항을 띄워서 회원들이 이 세 가지 기능을 모두 사용하도록 권장하는 카페가 많다. 카페를 외부에서 평가할 때에도 이 세 가지 항목을 보고 카페의 활성화 여부를 1차적으로 판단한다.

좌측 하단은 '카페 메뉴' 영역이다. 운영자가 카페 관리 메뉴에서 설정하면 나타나는 곳으로 모바일 앱에서도 같은 순서로 노출되는 영역이다. 이 게시판에 'N' 표시가 없으면 최근에 새글이 생성되지 않았다는 말이다. 운영자가 새글을 썼다 지워도 'N'이 표시되지만, 이는 그다지 의미 있는 작업은 아니다. 참고로 'N'이 표시된 게시판은 〈그림 4〉처럼 표시된다.

다시 〈그림 2〉로 돌아가보자. PC버전 기준으로 한 페이지당 15개

〈그림 4〉 새글 표시

게시글이 노출된다. 우측에 보면 해당 글이 게시된 날짜가 연월일로 기록되어 있다. 15개 게시글이 채워지는 데 두 달이 걸린 것을 볼 수 있다. 일단 느낌이 좋지 않다. 다시 옆의 빨간색 네모칸을 보면 해당 게시글에 대한 '조회 수'와 '좋아요'를 표시한 곳이 나온다. 조회 수를 보면 5만 9,000명이라는 회원 수가 무색할 정도다. 보통 활발한 카페의 게시글은 평균적으로 50회에서 100회 이상인 것으로 미루어 이 카페는 회원들의 활동이 없는 카페라고 판단해도 전혀 이상하지 않다.

여기에 더해 광고 스팸글이 보인다. 보통 카페 주제와 전혀 관련 없는 광고나 스팸글이 하루 이상 체류하는 카페는 운영자가 관리하지 않는 카페로 여겨지기 때문에 곧 망할 수 있다는 시그널이다.

종합적으로 판단해보면 이 카페는 호주 유학이라는 주제와 회원 수 5만 9천 명이라는 매력을 갖고 있는 카페지만, 현재 상황에서는 회원들의 활동이나 운영자의 월 소득은 결코 보장할 수 없는 상태다.

이제 월 소득이 보장되고 회원들이 활동하는 살아 있는 카페의 예를 살펴보자. <그림 5>는 '네이버 주제 - 패션/미용' 카테고리의 일부다. 최상단 두 군데 카페는 누가 봐도 살아 있는 카페다.

최근 새글 수가 1만 6,000개와 1만 2,000개다. 회원 수와 누적 게시글수가 적다고 하더라도 새글 수가 많다면 카페 활성화에 대해 특별히 걱정할 것이 없다. 보통 처음 카페를 만든 후 회원 수 1,000명 이상, 최근 새글 수 10~20개 생성이면 어느 정도 시장(해당 분야)에 안착했다

〈그림 5〉 '패션/미용' 카테고리 카페 순위

고 판단한다. 새글 수 1만 개가 되기 위해서는 새글 수 1개부터 출발해야 한다.

'디젤매니아' 카페에 들어가서 좀더 자세히 살펴보겠다. 〈그림 6〉에서 즐겨 찾는 멤버수와 게시판 구독 수, 우리 카페 앱 수만 봐도 회원 활동성이 얼마나 큰지 짐작할 수 있다.

참고로 이 '디젤매니아'라는 카페는 네이버 대표 인기 카페로 선정되어 있다. 네이버 대표 카페에 선정되면 다양한 혜택을 누릴 수 있다. 참고로 네이버 대표 카페에 선정되기 위해서는 다음을 주의해야 한다.

〈그림 6〉 카페 정보 창 예시

- 불법적, 반사회적, 불건전한 주제의 카페
- 정치, 종교, 안티 등 논란과 분쟁의 여지가 큰 카페
- 저작권법 위반 카페
- 자격의 등록 및 신고 없이 세무, 금융, 보험 상품을 취급하는 카페
- 지난 1년간 징계이력이 있고 카페 매니저가 활동하지 않는 카페
- 지난 1년간 주제 변경 및 활동 없는 매니저로 교체되는 카페
- 영리 목적으로 의료법 위반의 소지가 있는 카페
- 네이버 카페 정책과 약관에 위배되는 카페

네이버 카페가 아니더라도 사회적으로 문제가 될 수 있는 항목이다. 꼭 규모가 크고 역사가 오래된 카페만 대표 카페에 등록되는 것은 아니니다. 창설한 지 1년도 안 된 회원 수 6,000명 규모의 전자제품 카페도 네이버 대표 카페에 등록된 사례가 있다. 해당 카페의 역사나 규모도 중요하지만 무엇보다 회원들에게 유익한 주제, 비상업적 주제일수록 대표 카페에 선정될 확률이 높다. 대표 카페가 되면 해당 분야에서 카페의 콘텐츠(게시글)들이 보다 자주 상위 노출된다.

다시 '디젤매니아' 카페를 살펴보자. 앞서 '호주 유학' 카페는 게시글 한 페이지가 채워지는 데 두 달이 넘게 걸렸지만 <그림 7>을 보면 '디젤매니아' 카페는 한 페이지를 채우는 데 불과 2분 정도밖에 안 걸렸다. 조회 수가 회원 활성화도에 비해 적어 보이는 것은 글들이 너무 빨리 생성되기 때문이다. 몇 분 지나면 금세 조회 수 수백 회를 넘어서는 게시물로 바뀌게 된다.

	제목	작성자	작성일	조회
■디매iN 라이...	지금 밖인데 집가서 낮잠잘까요 인강들을까요	한	14:26	0
■디매iN 라이...	보배드림사건 베플.naver	Dark t	14:26	18
■디매iN 라이...	빈속에 피부약 먹었는데 너무 속이 울렁거려요	도레	14:26	5
■디매iN 라이...	스니커즈 신발 이 두개만 있어도 충분할까요?	도리도	14:26	2
■디매iN 라이...	집주소 이전을 제맡으로 ..?	Yes l	14:25	11
■디매iN 라이...	변요환 잘생긴거 몰랐는데 미스터션샤인보니까 [2]	가솔린	14:25	58
■디매iN 라이...	중앙경찰학교 나오신분?	고리	14:25	15
■디매iN 라이...	종로 고깃집 추천!!!!	새벽빈	14:25	6
■디매iN 라이...	BMW 매물이 많이 늘어났나요?? [2]	미틴마	14:25	147
■디매iN 라이...	인터넷에서 핫한 이슈들 현실에서 너무 잘 알고 있으면 멋 없지 않나요?? [1]	포도	14:25	46
■디매iN 라이...	저거뭐죠;;? [4]	패션	14:25	106
■디매iN 라이...	루이비통 카드지갑 후기 [3]	도곡동	14:25	109
■디매iN 라이...	페미니즘 무시하던 분들 이제 경각심좀 느끼시나요? [1]	Se	14:24	125
디매iN 고민-...	중고차 딜러분 계시면 상담요청이요..	First	14:24	12
■디매iN 라이...	갤8 20만원이면 싼건가여? [2]	한유	14:24	49

〈그림 7〉 '디젤매니아' 카페 게시판

카페 회원의 움직임을 파악한다

회원 활성도는 출석 수, 재방문 수, 게시글 수, 댓글 수로 판단한다. 특히 소득을 결정하는 '구매 전환율' 측면에서 보면 회원들의 재방문 수가 가장 중요하다. 회원 수 10만 명인 카페라도 해당 카페에서 판매하는 제품이나 서비스가 판매되지 않는다면 소득 측면에서는 죽어 있는 카페와 같다. 반면에 회원 수 1,000명 카페에서도 얼마든지 연수익 1억 원을 달성할 수 있다.

카페를 통해 월 소득 수천만 원에서 수억 원 이상을 노린다면 카페 회원 구성을 이해해둘 필요가 있다. 카페 회원은 크게 헤비 유저와 라이트 유저로 나눌 수 있다. 열성 회원과 일반회원 정도로 이해하면 된다. 나는 한 달 카페 재방문 수가 30~50회 이상이면 헤비 유저, 한 달 재방문 수가 10~20회면 라이트 유저라고 판단한다. 재방문 수와 재방문율은 회원들의 충성도와 비례한다. 자신이 카페 운영자라면 두 가지 방법으로 회원들의 카페 충성도를 판단할 수 있다.

첫 번째 방법은 '카페 관리' 메뉴의 '전체 멤버 관리' 탭이다. 전체 멤버 및 개별 회원의 방문 수와 최종 방문일 등의 지표를 확인하는 것이다.

〈그림 8〉은 PC 화면인데 좌측 상단에 '카페 관리' 메뉴가 있다. 모바일 앱에서도 카페 관리 메뉴가 지원된다. 〈그림 9〉는 '카페 관리' 메뉴를 클릭했을 때 나오는 '전체 멤버 관리' 화면이다. 전체 멤버 관리를 통해 최종 방문일과 방문 수를 알 수 있다. 이를 통해 최근 카페에 생

〈그림 8〉 카페관리 메뉴

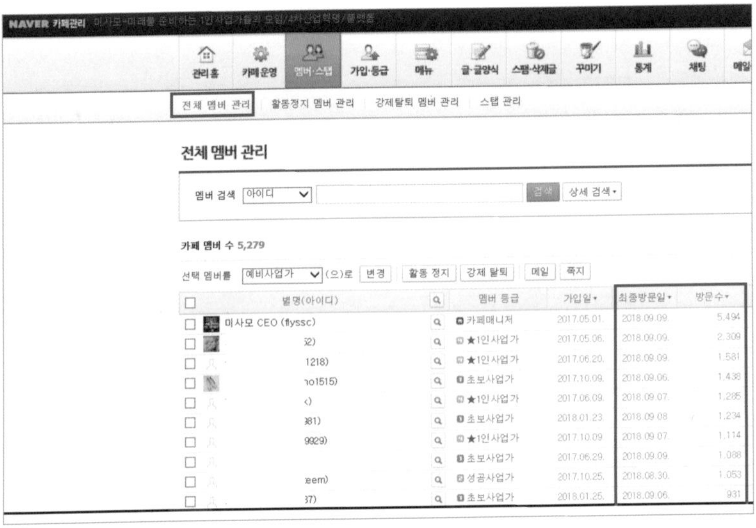

〈그림 9〉 전체 멤버 관리 탭

성되는 글들이 카페 회원들에게 유익한지 여부를 파악할 수 있다.

카페 회원들의 충성도를 알아보는 두 번째 방법은 <그림 8>의 '카페 관리' 버튼 바로 오른쪽 옆에 '통계' 메뉴를 활용하는 것이다.

<그림 10>은 '통계' 메뉴를 클릭했을 때 나오는 화면이다. 일간 현황, 방문 분석, 사용자분석, 순위, 게시판 분석 탭으로 이루어져 있다. 전부 중요한 기능들이며 카페의 현재 상황을 가장 정확히 보여주는 지표들이다. 여기서 '일간현황'과 '방문 분석'은 운영자라면 매일 들여다보는 것이 좋다.

'일간 현황'에서는 조회 수, 유입경로, 게시글 조회 수 순위 등을 보여준다. 특히 조회 수는 아직 결산되지 않은 오늘의 실시간 현황을 보여준다.

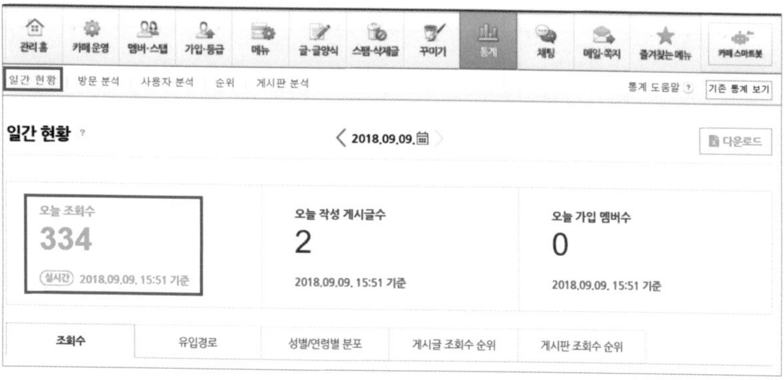

〈그림 10〉 일간 현황 통계

〈그림 11〉은 '통계' 화면에서 '방문 분석' 탭을 클릭했을 때 나오는 화면이다. '방문 분석'에서는 이미 결산된 어제의 자료부터 보여준다. 이 탭에서 실제 순방문자 수와 평균 사용시간을 알 수 있다. 평균 사용시간은 하나의 게시글에 얼마나 시간을 투입했는지 평균을 보여준다. 게시글이 유용할수록 해당 콘텐츠(게시글)에 긴 시간을 할애하고, 유용하지 않다면 몇 초도 머물지 않는다. 반드시 체류시간이 길다고 해서 유용한 정보는 아니지만, 너무 짧은 글 역시 회원들에게 유용한 정보

〈그림 11〉 평균 사용시간 통계

날짜	방문자 전체	멤버 전체	비멤버	예비사업가	초보사업가	성공사업가	미래사업가	★1인사업가
2018.08.27. 주간	2m 14s	2m 15s	1m 39s	1m 45s	2m 9s	4m 17s	0s	2m 16s
2018.08.20. 주간	2m 29s	2m 30s	1m 35s	5m 7s	2m 21s	4m 11s	2m 14s	2m 48s
2018.08.13. 주간	2m 47s	2m 52s	1m 7s	23s	3m 0s	2m 13s	3m 10s	2m 31s
2018.08.06. 주간	2m 45s	2m 46s	1m 56s	3m 19s	2m 46s	3m 19s	3m 14s	2m 33s
2018.07.30. 주간	3m 10s	3m 13s	1m 40s	3m 48s	3m 5s	3m 22s	4m 44s	3m 37s

〈그림 12〉 체류시간 비교

가 되기는 어렵다. 카페 회원들이 카페에 더욱 오래 체류할수록 구매 전환율이 높아진다는 점은 항상 염두에 둔다.

〈그림 12〉의 체류시간을 보면 멤버 전체보다 비멤버(아직 카페에 가입하지 않은 회원)의 체류시간이 짧은 것을 볼 수 있다. 그러나 비멤버 전체의 평균 체류시간이 1분을 넘어 2분 가까이 된다는 것은 일단 그 시간만큼은 눈을 떼지 못하게 했던 콘텐츠가 카페에 있다는 이야기다.

〈그림 13〉의 주간 재방문율을 보면 45.1퍼센트다. 평균 30~40퍼센트 정도의 재방문율이면 좋은 편이다. 10만 명 정도의 카페에서

〈그림 13〉 재방문율 통계

도 재방문율이 30퍼센트가 되지 않는 경우도 많다.

참고로 카페 운영자는 카페 회원이 10명이든 100만 명이든 모든 회원에게 메일과 쪽지를 보낼 수 있는 권한이 있다. 모든 온라인 플랫폼을 통틀어서 가장 강력한 권한과 기능이다.

그러나 지난 3개월간 단 한 차례도 카페에 오지 않은 회원에게는 메일이나 쪽지가 전달되지 않는다. 따라서 카페 운영자는 되도록 모든 회원이 3개월에 한 번 정도는 카페에 접속할 수 있도록 메일과 쪽지를 보내서 카페 유입을 독려하는 게 좋다.

꼭 특별한 일이 아니어도 "카페 회원 수가 1천 명을 돌파했어요. 축하해주세요"라고 보내도 좋고 새로운 제품의 출시나 카페 내 좋은 사연이나 사례 등을 전체 메일과 쪽지를 통해 보내도 좋다. 전체 메일과 쪽지의 내용이 꼭 진지하고 거창할 필요는 없다.

카페 전체 메일과 쪽지 보내기 버튼도 '카페 관리' 메뉴에 있다. 메일과 쪽지는 제목이 중요하다. 그다음은 제목과 함께 노출되는 첫째 줄이 중요하다. "안녕하세요" "반갑습니다" 등으로 시작하는 메일이나 쪽지는 읽히지 않을 가능성이 크다. 첫째 줄부터 인사를 제외하고 본문을 쓰거나 눈에 확 띄는 내용으로 작성하는 것이 메일이나 쪽지의 오픈율을 높인다. 과거에는 "오빠 저예요" "오랜만이에요" "절대 열어보지 마시오" 등의 낚시성 메일과 쪽지들이 난무했다. 이는 실제 메일과 쪽지를 열어봤을 때 낚였다는 불쾌감을 주어 자칫 차단당하거나 신고당할 우려가 있으니 삼간다.

〈그림 14〉의 재방문율을 다시 보면 6월 25일부터 7월 16일 주간

날짜	방문자 전체		멤버 전체		비멤버	
	재방문율	재방문자	재방문율	재방문자	재방문율	재방문자
2018.08.27. 주간	45.1%	187	50.4%	181	10.7%	6
2018.08.20. 주간	43.5%	191	48.2%	183	13.6%	8
2018.08.13. 주간	51.6%	210	58.3%	203	11.9%	7
2018.08.06. 주간	49.6%	237	53.1%	229	17%	8
2018.07.30. 주간	52.8%	303	58.3%	298	7.9%	5
2018.07.23. 주간	39.4%	316	41.9%	309	10.6%	7
2018.07.16. 주간	27.4%	229	30.1%	226	3.5%	3
2018.07.09. 주간	29.9%	212	32.4%	208	6.1%	4
2018.07.02. 주간	30.8%	197	34%	193	5.6%	4
2018.06.25. 주간	31.3%	205	33.4%	197	12.3%	8
2018.06.18. 주간	43.4%	207	49.6%	200	9.5%	7

〈그림 14〉 재방문율 비교

의 재방문율이 확 떨어진 것을 볼 수 있다. 이런 지표들을 통해 카페를 재점검하고 회원들의 체류시간과 재방문율을 높이기 위한 노력을 해야 한다. 가장 유효한 방법은 양질의 콘텐츠를 공급하는 것이다.

양질의 콘텐츠는 카페 주제에 맞는 콘텐츠를 말한다. 아무리 전문적이고 학술적 자료라 하더라도 카페 주제에 맞지 않는 콘텐츠는 외면당하고 카페 체류시간과 재방문율을 낮춘다. 맘카페에 '힉스 입자' 논문을 게재한다면 조회 수가 높을 리 없다. 맘카페에서 회원들의 체류시간과 재방문율을 높이는 것은 공감 가는 일상, 육아 정보, 맛집 정보 등이다.

카페 활성화는 컨트롤 가능할까?

여러 가지 궁금증이 생겼을 것이다. 그중에서도 '죽어 있는 카페를 살릴 수 있는 방법이 있는가'는 중요한 문제다. 카페 운영자들은 자신의 카페가 지금보다 더 활성화되길 바란다. 자꾸만 회원들의 활동성이 줄어드는 모습에 전전긍긍한다. 자신의 소득이 달려 있고 자신의 시간과 열정이 카페에 녹아 있기 때문이다.

처음에 언급한 '호주 유학' 카페처럼 죽어 있는 카페를 다시 활성화시키려면 여러 가지 노력이 필요하다. 활성화된 카페는 매일 꾸준히 새글이 10~20개 이상 올라오는 카페다. '디젤매니아' 같은 유명 카페처럼 게시글이 하루 수백 개에서 심지어 수만 개 이상 올라오는 카페만 살아 있는 카페가 아니다. 활성화된 카페라고 판단할 수 있는 여러 조건을 보다 상세히 다뤄보면 죽어 있는 카페도 살릴 수 있는지에 대한 해답을 얻게 된다.

활성화된 카페라고 판단할 수 있는 외부적 요인은 회원 수, 즐겨찾는 멤버, 게시판 구독 수, 우리 카페 앱 수가 있고 내부적 요인은 게시글 수, 댓글 수, 출석 수가 있다. 카페는 사람과 사람이 만나고 생활하는 온라인 공간이다. 온라인 공간은 가상이지만 사람과 사람이 만나는 것은 실제다. 사람들은 이 카페를 통해 사람과 사람 간의 이해관계와 정서적 유대감을 느낀다. 사람들의 이런 움직임은 바로 온라인에 올라오는 글을 통해서 가능하다. 글이 핵심이다. 카페에 사람들이 오는 이유는 게시글 때문이다. 카페에 사람들이 오지 않는 이유도 바로 게시글 때문이다. 가령 아이폰 카페에 가입했는데 아이폰 이야기는 없고 아이스크림 이야기만 있다면 사람들은 이 카페에 다시는 오지 않는다. 반대로 온통 아이폰에 관한 이야기뿐이라면 매일 방문할 것이다. 결국 콘텐츠의 문제다.

카페가 죽어가는 이유나 죽은 이유 혹은 카페가 점점 살아나고 규모가 커지는 것도 전부 콘텐츠 때문이다. 앞서 설명했던 모든 내용은 이 콘텐츠의 중요성에 비한다면 아주 작은 요소에 불과하다. 표지는 허름한데 그 안에 내가 궁금해했던 모든 내용이 들어 있는 책과 표지는 화려한데 내가 궁금해하는 내용에 대한 해답이 도통 들어 있지 않은 책이 있다면 당신은 어떤 책을 집어 들 것인가? 답은 뻔하다.

화려하지만 알맹이 없는 책은 아무리 전국 대형서점과 온라인 서점에 풀어놔도 팔리지 않는다. 거기에 내용도 부실하다는 리뷰와 평가가 달리면 마케팅한 속도만큼 빠르게 시장에서 사라질 것이다. 반면 책 표지는 70년대 책처럼 세련되지 못하고 몇 군데 서점에만 출시됐던 책이라 할지라도 알맹이가 구매자들이 원하던 내용이라면 어떨까? 그 알맹이 덕분에 점점 입소문을 타서 금방 전국 대형서점과 온라인 서점에도 진열될 것이다. 카페도 이와 동일하다. 이어지는 내용에서 카페 콘텐츠에 대해 좀더 알아보자.

콘텐츠가 유니크하다

사회 생활을 하며 사람들의 생각은 다듬어지고 깎여서 둥글둥글하다. 하도 눈치를 봐서 스스로 둥글둥글해지기도 한다. 그렇게 남들과 똑같아진다. 재미가 없다. 재미가 없으니 반응이 없다. 좋은 콘텐츠는 긍정적인 반응만 있는 콘텐츠를 가리키는 것이 아니라 '반응이 있는' 콘텐츠를 말한다. 무플이 악플보다 더욱 비참하다. 연인 사이에도 다투는 것보다 무심함이 더 큰 상처가 된다. 욕을 먹든 칭찬을 듣든 반응이 격할수록 좋은 콘텐츠다.

푹 삭힌 홍어와 달걀 프라이를 생각해보면 쉽다. 홍어는 좋아하든 싫어하든 살아 있는 반응들이 나온다. 홍어를 좋아하는 사람은 입맛을 다시고 반대로 잘 먹지 못하는 사람은 홍어라는 단어만 들어도 눈살을 찌푸린다. 그에 비해 달걀 프라이는 너무 평범해서 굳이 할 말도 없다. 온라인 사업에 필요한 글도 홍어처럼 쓸지 달걀 프라이처럼 쓸지 생각해볼 문제다.

나만의 콘텐츠

"업은 아이 3년 찾는다"는 말이 있다. 자신이 가진 것도 모르고 여기저기 찾기만 한다는 말이다. 가장 좋은 콘텐츠는 자신의 경험과 자신의 이야기다.

콘텐츠는 내용물이라는 뜻이다. 온라인 카페를 예로 든다면 카페의 제목, 카페의 게시판, 카페의 게시글, 카페의 댓글, 카페 운영자, 카페 회원 등 모든 것이 콘텐츠다. 책이라면 책의 내용뿐만 아니라 책의 저자도 콘텐츠다.

《사피엔스(Sapiens)》라는 책이 있다. 이 책의 저자 유발 하라리는 이 책 한 권으로 단번에 세계적인 유명인사가 되었다. 유발 하라리의 신작이 나온다면 저자 이름만 듣고도 책을 구매하려는 사람이 많을 것이다. 드라마도 마찬가지다. 드라마의 콘텐츠라면 배우, 작가, 연출(감독), 스토리다. 스토리는 작가가 만든다. 이 중에서 시청률을 지배하는 요소 딱 하나만 고르라면 단연 스토리다. 드라마의 내용이 막장이든 가족애를 다루든 주제는 관계없다. 무조건 재미있어야 선택된다. 그래서 스타 작가들은 회당 원고료가 억대를 넘기도 한다.

〈미스터 선샤인〉 〈도깨비〉 〈태양의 후예〉 등 엄청난 인기를 구가한 드라마의 극본을 쓴 김은숙 작가 자체도 훌륭한 콘텐츠다. 그러나 아무리 인기 있고 멋진 배우를 써도 작가의 스토리가 재미없다면 시청률이 망가진다. "저런 훌륭한 배우로 대체 무슨 짓을 한 거야"라는 댓글이 기사에서 보인다면 이미 드라마는 망조가 든 것이다. 재미있는 스토리는 무명의 작가를 스타덤에 앉혀주기도 하며, 재미없는 스토리는 유명한 작가도 왕좌에서 끌어내린다.

좋은 콘텐츠의 조건

주제에 맞는 내용이 좋은 콘텐츠다. 뻔한 내용이 아닌 것이 재미있고, 재미있는 것이 좋은 콘텐츠다. 재미가 있고 없고의 문제는 내용이 주제에 맞느냐로 결정되기도 한다. 옳고 그름의 문제가 아니다. 콘텐츠가 주제에 맞지 않다면 존재 가치가 없다. 앞서 카페의 콘텐츠는 제목, 게시판, 게시글, 댓글, 운영자, 회원이라고 밝혔다. 이 책에서 사업적으로 온라인 카페를 다루는 이유는 '소득' 때문이다. 카페 주제에 맞는 이야기가 없으면 소득도 없다.

카페에서 스토리에 해당하는 것이 바로 메인 콘텐츠다. 즉 카페에서 주로 어떤 주제로 글이 생성되고 있느냐다. 갤럭시 스마트폰 카페의 메인 콘텐츠는 기능, 오류 해결, 업데이트 내용, 신제품 출시 정보 등 갤럭시 스마트폰 관련 내용이다. 이러한 정보를 원하는 사람이 갤럭시 카페에 가입하기 때문이다. 이 메인 콘텐츠라는 기둥이 잘 서 있다면 나머지는 일상적 대화나 소통, 유머자료 등의 서브 콘텐츠로 채워져도 무방하다.

메인 콘텐츠와 서브 콘텐츠

온라인 카페의 특성상 단 하나의 주제만으로 카페를 운영한다는 것은 불가능하다. 카페 기획의 기본은 일단 주제를 세분화하여 작은 시장을 잠식하고 점차 넓은 주제로 나아가는 것이다. 카페 초창기에는 작은 주제를 다루다가 카페 규모가 커질수록 다양한 주제를 다루는 게 수월하다.

'브릭 나라 레고'라는 카페가 있다. 레고에 관한 한 거의 모든 내용을 다루는 대표 카페다. 만약 당신이 레고 카페를 만들고 싶은데, 이미 확고하게 자리 잡은 대표 카페가 있다면 어떻게 할 것인가? 카페를 키우는 것은 초창기냐 안정기냐에 따라 전략이 다르다. 처음부터 레고 관련 모든 콘텐츠를 다루는 것은 달걀로 바위 치기다. 먼저 레고의 수많은 제품 라인 중 특정 라인의 제품만으로 카페를 만든다. 그 후 시간이 흐르면서 회원이 점점 모이게 되면 슬슬 주제를 넓혀가는 것이다.

좋은 콘텐츠의 조건만 안다고 해서 끝나는 문제가 아니다. 무엇보다 온라인 사업의 초심자들은 글을 쓰는 것부터가 도전이다. 글을 '잘' 쓰지 못한다면 소득은 없다. 여기서 '잘'은 글을 아무 거리낌 없이 쓴다는 의미이지, 명문장이나 명언, 논리 구조의 오류나 오탈자가 전혀 없는 글이라는 의미가 아니다. 조용히 눈팅만 하는 사람보다는 글을 남발하는 것이 온라인 사업에서 돈을 버는 데 적합한 특성이다.

온라인에서 글을 잘 쓰지 못하는 이유는 "누군가 내 글을 보고 욕할까 봐" "너무 수준 떨어지는 글이라 창피해서" 등이다. 전혀 그럴 필요 없다. 사람들은 당신이 무슨 글을 썼는지 현미경으로 들여다보지 않는다. 설령 내 글에 누군가가 욕을 했더라도 남에게 피해를 끼치는 글이 아닌 이상 주눅들 필요 없다. 당당히 의견을 펼치면 된다.

좋은 콘텐츠라는 개념을 이해했다면 이제 생산과 소비의 개념으로 넘어가야 한다. 콘텐츠는 생산자와 소비자가 있다. 그중에서 콘텐츠 생산자가 돈을 번다. 인류 역사상 큰돈은 오로지 생산자의 몫이었다. 소비자로만 산다면 영원히 누군가가 생산한 제품과 서비스를 단지 소비할 뿐이다.

콘텐츠는 누구나 생산 가능하다

콘텐츠는 전문가도 생산할 수 있고 비전문가도 생산할 수 있다. 그러나 온라인 사업 초심자는 콘텐츠 생산은 전문가만 할 수 있다고 생각하며 포기한다. 나는 '온라인 판매와 온라인 플랫폼 구축'이라는 콘텐츠로 수년간 글을 쓰며 강의도 해왔다. 수강생들을 보면 온라인 판매는 어느 정도 익숙한데 온라인 플랫폼 구축, 즉 카페 구축에는 난색을 표하는 경우도 많다. '내가 어떻게 운영자가 된단 말이지? 말도 안 돼'라는 생각을 가진 수강생도 적잖이 있다. 그러나 자리가 사람을 만든다. 처음부터 사장으로 태어나는 사람은 없다.

카페의 주제에 따라 운영자의 전문성 필요 여부가 달라진다. '구매 영업인' 카페처럼 세분화된 주제라면 구매 영업이라는 분야에서 어느 정도 경력이 있어야 회원들과 대화가 원활할 것이다. '부동산 투자'를 주제로 한 카페도 운영자가 부동산에 대한 지식과 경험이 있는 편이 유리하다. 반대로 제주 지역 카페라면 단지 제주에 사는 것만으로도 운영자로서 갖춰야 할 기본 덕목은 갖춘 셈이다.

전문성은 언제나 도움이 된다. 그러나 '지식의 저주(The Curse of knowledge)'라는 말이 있듯 때로는 독이 될 수도 있다. 이미 알아버린 지식에 대해서는 다시는 그 지식을 몰랐던 때로 돌아갈 수 없다는 것이 지식의 저주다. 우리는 한 살 한 살 나이를 먹어 지금의 나이가 됐다. 그럼 지금 3살인 아이와 10살인 아이의 행동과 생각을 충분히 이해할 수 있어야 한다. 그러나 우리는 우리의 잣대로 아이들을 평가하고 재단한다. 그리고 억지로 현실에 끼워 맞춰서 남들과 똑같이 살도록 강요한다. 이미 아이였던 때의 생각을 더듬어보기에는 너무 많은 것을 알아버렸다. 세계적인 교수의 강의가 일반인에게는 재미가 없다. 전문용어와 해당 분야에서만 쓰는 표현이 많기 때문이다. 그러나 교수는 지적 수준이 너무 높은 나머지 '설마 이렇게 쉽게 설명하는데도 사람들이 모르진 않겠지?'라는 생각으로 강의하게 된다.

많이 알았다고 삶이 더 나아졌다면 세상의 재벌 순위와 공부 잘한 순위가 똑같았을 것이다. 그러나 그렇지 않다. 지식이 많은 순서대로 행복해지는 세상은 아니지 않은가.

지구상에 존재하는 70억 명 개개인은 각자 가지고 있는 사업 지능이 다르고 공부 지능이 다르고 공감 지능이 다르고 행복 지능, 운동 지능도 전부 다르다. 누구는 사업 지능이 높을 수 있고, 누구는 행복 지능이 높을 수 있다. 다양함을 알고 초보자, 중급자, 상급자라는 시장 세분화를 이해하고 있다면 카페를 만들고 키우는 것쯤은 문제없다.

참고로 운영자가 해당 분야에 대해 많은 지식과 경험이 있는 상급자라면 자신만의 콘텐츠를 생산해도 카페가 운영되는 경우도 있다. 내가 운영하는 미사모(미래를 준비하는 1인 사업가들의 모임)가 그런 카페 중 하나다. 나는 2007년도부터 다음 카페를 시작으로 수많은 카페를 운영한 경험이 있다. 해당 분야의 세계 1위만 전문가는 아니다. 일정 이상의 지식과 경험이 있고 초보자인 타인의 개선과 성장을 도울 수 있다면 전문가라고 생각한다. 사람들의 취향이 다양하기 때문이다.

콘텐츠로 인한 이득은 전부 운영자에게 온다

콘텐츠는 운영자도 생산하고 회원도 생산한다. 그러나 콘텐츠 생산의 이득은 오롯이 운영자의 주머니로 들어간다. 콘텐츠로 인한 수익의 소유권에 대해서는 공장의 생산설비 소유자가 누구인지 생각해 보면 답이 나온다. 공장 생산직은 자신의 기여도만큼의 대가를 결코 받지 못한다. 공장 내에서 생산직이 생산한 것은 전부 공장 주인의 몫이다. 한마디로 일이 많아졌는데 기쁘다면 당신은 생산자이고, 일이 많아졌는데 기쁘지 않다면 당신은 소비자인 것이다.

웬만한 대형 카페들은 하루 새글 수가 수천 개에 이른다. 하루 만에도 엄청난 콘텐츠가 생성되고 있다. 운영자는 이렇게 엄청난 양의 콘텐츠가 생산될 때마다 어떤 게시글이 생성되고 있는지 잘 살펴봐야 한다. 감시라는 말이 좀더 정확한 표현이다.

살아 있는 대형 카페의 운영자는 자신이 콘텐츠를 생산하는 것보다는 회원들에 의해 생산되는 콘텐츠를 살펴보는 것에 더 집중해야 한다. '게시판의 주제와 성격에 맞는 게시글인지'와 '광고나 홍보 등 스팸성 글인지'를 살펴봐야 한다. 게시판 주제가 '갤노트9 팁 강좌'인데 "갤노트 어디가 싸요?"라는 글이 이 게시판에 올라왔다면 자유게시판이나 질문게시판으로 해당 글을 옮겨야 한다. 게시판의 주제에 맞는 글이 좋은 콘텐츠이기 때문이다. 이렇게 주제에 맞지 않는 글이 쌓이면 회원들은 흥미를 잃는다.

광고 홍보글은 카페 자체의 취지에 맞지 않는 글이므로 반드시 제재하고 차단하는 것이 정상이다. 카페를 만든 초반에는 회원이 쓰는 게시글 하나하나가 소중해서 주저할지도 모른다. 그러나 원칙에 맞지 않는 게시글은 과감히 삭제하고 해당 회원은 경중에 따라 강제 탈퇴나 활동 정지 등의 제재를 해야 한다. 이런 쓸모없는 글이 하루 이상 카페에 남아 있게 되면 회원들이 카페의 메인 콘텐츠에 집중하지 못한다. 그리고 만에 하나 카페에 올라온 악성 광고 글 때문에 피해를 당한 회원이 등장한다면 그야말로 운영자는 입이 열 개라도 할 말이 없어지는 상황이 되어 버린다.

'회원들이 대부분의 콘텐츠를 생산한다'는 특성 때문에 카페 운영자는 해당 분야의 전문가가 아니더라도 얼마든지 정보성 커뮤니티를 만들 수 있다. 당신이 좋아하는 분야지만 전문성이 없는 경우 이렇게 커뮤니티를 키워서 운영과 관리만 잘해도 되는 것이다. 좋은 콘텐츠는 그 자체로 가치가 있지만 사실 시야를 넓히면 광고 또는 홍보글이 없는 그 카페 자체도 회원들에게는 좋은 콘텐츠다.

콘텐츠는 나를 스타로 만들어 주는 힘이다

1인 미디어인 아프리카 TV와 유튜브에서 먹방으로 유명한 '엠브로'라는 BJ(Broadcasting Jockey, 인터넷 방송인을 칭하는 약어)가 있다. 먹방 BJ 엠브로는 통신사 TV CF에 출연하며 승승장구하고 있다. 게임 방송 BJ로 유명한 '대도서관'은 SBS 〈백년손님〉, JTBC 〈랜선 라이프〉 등 다양한 TV프로에서 활약하고 있다. 이들도 자신이 이렇게 까지 승승장구할지는 상상하지 못했을 것이다. 이들은 각자의 분야에서 최고는 아니다. 그렇지만 변함없이 그 자리에 있었기 때문에 기회가 찾아온 것이다. 게다가 이들에게는 좋은 인성이라는 공통점도 있다.

좋아하는 분야에 꾸준히 종사하다 보면 생각지도 못한 기회와 변화가 찾아온다. 꾸준함은 분명 쉬운 일이 아니다. 그냥 하는 것이 꾸준함인데도 기계가 아닌 인간이기 때문에 어렵다. 좋아하는 일도 계속하다 보면 싫증이 나지 않던가.

꾸준하려면 당신이 좋아하는 일을 해야 한다. 사업은 첫째도 둘째도 자신이 좋아해야 한다. 한 분야를 꾸준히 파면 콘텐츠의 질이 높아지고 나만의 색깔이 생긴다. 아프리카 TV의 '깝도이'라는 BJ는 유행이 많이 지난 게임인 '스타크래프트 1'을 소재로 몇 년째 방송 중이다. 웬만한 프로게이머 못지않게 팬층도 두텁고 소득 수준도 높은 것으로 알려져 있다. 나는 게임을 잘하진 못하지만 잠이 오지 않을 때 '깝도이'방송을 가끔 본다.

꾸준함의 유익은 생각보다 크다. 점점 자신을 찾는 사람들이 늘어나며 예상치 못했던 기회가 새로운 분야에서 찾아온다. 인생의 변화가 찾아오는 것이 바로 이 지점이다. 생각지도 못한 변화야말로 가장 신나는 일이다. 콘텐츠가 당신에게 이런 선물을 가져다준다. 온라인 플랫폼에서는 한 우물만 파면 된다.

기획력이 남다르다

내용이 비슷하다면 초반 승부는 제목에서 난다. 글의 제목도 '카페를 기획하는 방법'보다 '월 1,000만 원 버는 카페 기획 방법'이 좀 낫다. 한두 단어의 차이지만 결과는 천양지차임을 알기에 우리는 제목을 짓는 데 어려움을 느낀다. 사람의 이름도 그렇고 영화나 책의 제목도 마찬가지다. 판매 글도 제목에서 판매량이 판가름 날 수 있다. 제목이 기획의 90퍼센트라고 해도 틀리지 않다. 특히 아직 초창기의 카페나 유명하지 않은 카페라면 많이 선택될 만한 제목을 지어야 한다. 제목은 사실 기획의 시작이자 기획의 끝이기도 하다.

도표 〈카페 기획 단계〉를 보면 제목을 짓기 전에 해야 할 일이 많음을 알 수 있다. 먼저 타깃과 어떤 분야를 선정할지 결정해야 한다. 그리고 카페에서 주로 어떤 이야기를 할지(메인 콘텐츠), 카페의 세 가지

타깃 선정	20대 직장인, 30대 주부, 책읽기 좋아하는 사람, 직장인, 영업인, 반려동물, 쇼핑, 여성, 남성, 사무직, 목수 등 특정 타깃을 정하면 기획이 수월하다. 예를 들어 '지역 카페'보다는 '지역 여성 카페'로 타깃을 세분화한다.
↓	
분야 선정	패션, 미용, 건강, 다이어트, 컴퓨터, IT분야, 가족, 육아, 교육, 부동산, 취미, 외국어, 여행 등 분야를 선정한다.
↓	
메인 콘텐츠 선정	해당 카페에서 주로 다루는 일관된 내용을 선정한다. 아이폰, 3분 요리, 돌싱, 매일 영어쓰기, 독서, 파일럿 등 일관된 주제가 있어야 카페 회원의 이탈이 적고 꾸준한 유입이 보장된다.
↓	
콘셉트 선정	일상 카페, 정보 카페(노하우, 전자기기 등), 워너비 카페(1인 1미디어, 1인 기업, 작가, 퍼스널 브랜딩) 등 같은 주제라도 콘셉트에 따라 전혀 다른 카페가 된다.
↓	
이름 선정	카페 이름, 운영자 닉네임을 선정한다. 저급한 표현이나 유행어는 지양한다.

→ **내가 잘하고 좋아하는 분야로 안정적인지 지속 가능한지 고려한다.**

카페 기획(제목 짓기) 단계

형태인 '강의 및 컨설팅형' 카페를 할지 '판매 중심형' 카페를 할지 '중개 중심형' 카페를 할지 결정해야 한다. 같은 주제라도 이 세 가지 중 어떤 콘셉트의 카페를 만들지에 따라 전혀 다른 카페가 되기 때문이다. 그리고 이 과정들이 어느 정도 완성되면 비로소 이름(제목)을 선정할 수 있게 된다.

제목 짓기는 어렵다. 그런데 제목 짓기의 단계별 설정을 따른다면 그다지 어렵지 않다. 오히려 제목 짓기는 명확하고 단순할 수 있다. 그럼 단계별로 차근차근 살펴보자.

1단계_타깃 선정

타기팅은 기본적으로 20대 직장인, 30대 주부, 책 읽기 좋아하는 사람, 직장인, 영업인, 반려동물 애호가, 쇼핑 좋아하는 사람, 여성, 남성, 사무직, 목수 등 구체적 대상을 목표로 한다. 그러나 카페 운영에 있어서 타깃 선정은 좀 다르다. 예를 들어 육아 용품은 맘카페에서 팔아야 하고 전자제품은 남자 회원이 많은 자동차 카페에서 판매해야 한다.

회원을 모집할 때에도 해당 주제에 걸맞은 사람들이 모여 있는 곳을 선정하여 모집한다. 특히 광고 카피 작성, 고객 행동 데이터를 기반으로 하는 마케팅 방식(구글 애널리틱스 등)에서는 소비자 분류, 즉 타기팅이 없이는 좋은 문안 한 줄, 마케팅 전략을 짜기 어렵다.

여기서 간과하고 있는 점은 인간에게 하나의 역할만 주어지지는 않는다는 것이다. 나는 부모님의 아들이고, 조카의 작은 아버지이며, 아내의 남편이고, 아들의 아버지다. 자동차를 타고 전자제품을 좋아하며 여행도 자주 다닌다. 나는 남자지만 육아용품에도 관심이 많다. 맘카페에서만 육아용품이 잘 팔린다는 생각은 편협한 사고방식이다. 인간은 다양한 역할을 수행하기 때문에 다양한 제품과 서비스를 필요로 한다.

유능한 사업가는 사람들이 몰라서 쓰지 않았던 제품이나 생각을 보여줘서 소비하게끔 유도한다. 사람들이 미처 몰랐던 것을 알게 해주는 것이다. 그래서 타기팅의 개념을 확장해야 한다. 온라인 플랫폼인 카페의 타기팅은 특정 지역으로 한정되지 않는 한, '모든 사람'이라고 생각하자. 즉 누구에게든 몰랐던 것을 알게 해준다는 생각으로 모든 사람을 카페 회원 대상으로 보는 것이다.

2단계_분야 선정

네이버 카페 홈에 나와 있는 내용을 기준으로 분야를 구분해보면 패션, 미용, 건강, 다이어트, IT 컴퓨터, 가족, 육아, 교육, 부동산, 취미, 외국어, 여행, 기타 등이 있다. 자신이 좋아하는 분야를 선정한다.

3단계_메인 콘텐츠 선정

앞서 해당 카페에서 주로 다루는 일관된 내용이 있어야 한다고 강조했다. 예를 들어 아이폰 카페면 아이폰에 관한 주제가 메인 콘텐츠가 될 것이다. 이외에도 3분 요리, 돌싱, 매일 영어 쓰기, 독서, 파일럿 등의 카페를 기획하고 있다면 마찬가지로 일관된 주제와 내용이 있어야 카페 내에서 회원 간 소통이 활발해진다.

카페 규모가 커지려면 기존 회원의 유출은 막고 신규 회원의 유입은 계속 늘려야 한다. 메인 콘텐츠가 바로 이 역할을 수행한다. 예를 들어 독서모임 카페에서 책에 관한 이야기, 책을 잘 읽는 방법, 절대 잊어버리지 않는 독서 방법, 하루에 두 권 읽는 방법, 분야별 베스트셀러, 베스트셀러 소개 등은 좋은 콘텐츠다. 일상적인 대화나 유머 자료

등은 서브 콘텐츠로서 활용하면 좋다.

메인 콘텐츠만 잘 살아 있고 회원 간 소통이 활발하면 서브 콘텐츠를 통한 소통도 활발해진다. 일상 대화나 유머 자료가 독서모임 카페에서 메인 콘텐츠가 되어서는 안 된다는 말이다.

4단계_콘셉트 선정

영화배우 원빈과 보통사람인 나를 비교해보면 다른 점이 거의 없다. 무려 99퍼센트는 똑같은 사람이다. 눈이 두 개, 코와 입이 한 개, 팔다리 두 개씩에 오장육부의 구성도 별일 없으면 같다. 그러나 생긴 모양새가 다르다. 99퍼센트는 같지만 다른 1퍼센트 때문에 전혀 다른 사람이 된 것이다. 카페도 마찬가지다. 똑같은 주제의 카페라도 콘셉트에 따라 전혀 다른 카페가 된다.

앞서 카페는 하나의 주제만(친목이면 친목, 정보면 정보 이런 식으로 구분하여 카페가 운영되는 경우는 거의 없다)으로 구성되지는 않음을 설명했지만 편의상 콘셉트로 나누어보겠다. 예를 들어 친목을 위한 맘카페나 지역 카페 등의 일상 카페, 정보 교류를 위한 정보 공유 카페(How to/아이폰 등 전자기기), '나도 저렇게 되고 싶다' '나도 저렇게 하고 싶다' 라는 생각이 들게 하는 워너비(wanna-be) 카페(1인 미디어, 1인 기업, 1인 사업가, 작가, 유명인 등)가 있다. 같은 주제라도 콘셉트에 따라 전혀 다른 카페가 된다.

스마트폰이라는 주제로 이 콘셉트를 설명해보겠다. '아이폰을 사용하는 사람들의 모임' 아사모 카페와 'JH모바일'이라는 스마트폰 판매 카페를 들여다보자.

먼저 <그림 1>은 아이폰 사용자 모임 카페의 PC 화면이다. 카페 대문은 수익화의 도구로써 역할을 훌륭히 수행하고 있다. <그림 2>는 '전체 글 보기' 화면이다. 몇 분 단위로 글들이 올라오고 있고 조회수가 수백 회에서 1,000회를 넘는 게시글도 보인다.

'아이폰7 플러스 업자 매입가 어마 무시하네요'라는 게시글 조회

<그림 1> '아사모' 카페 대문

4598359	20대 패딩 브랜드 추천좀 해주세요 [7]	지리그	12:36	265	0
4598354	[자게인증] 갤럭시노트8올림픽에디션 [6]	골드	12:33	478	1
4598351	[투표하세요] 아이폰 X 실리콘 케이스 사려고 하는데 이쁠까요? [1]	App Store	12:30	76	0
4598340	다시 케이스 꼈습니다.. [7]	App Store	12:20	369	0
4598335	아이폰se [4]	마산아재	12:13	281	0
4598327	신제품 [5]	엉아싀	12:04	686	0
4598326	에어팟 쓰다가 이어팟 못 쓰겠어요 [12]	flase	12:04	629	1
4598319	[잡담] 애플워치4 가격 어느정도 예상하시나요..? [3]	슈퍼현	11:53	462	0
4598307	아이폰7플러스 업자매입가 어마무시하네요. [15]	쥬댕이	11:42	1,135	1
4598304	[뻘글] 내일넘어 가는 새벽에 나오겠네용 [6]	미남입니다	11:41	581	0
4598275	사설에서도 수리 거부를 당했는데요. [15]	회색도시737	11:12	1,063	0
4598271	알리발 하우징 생각 보다 빨리 오겠네요	Watson Kim	11:07	225	0
4598253	[제곧내] 알리 득템 [6]	UsoGorgeous	10:51	603	0
4598252	남자 손목시계좀 추천좀 부탁드려요... [25]	렐레뽀야	10:49	452	0
4598236	패드 프로 3세대 안바꾸려했는데... [2]	Muke	10:32	450	0

<그림 2> '아사모' 카페 게시판

수가 1,135회이고 '사설에서도 수리 거부를 당했는데요'라는 게시글도 조회 수 1,000회를 돌파했다. 반면 '20대 패딩 브랜드 추천 좀 해주세요'라는 글과 아이폰 관련 주제이긴 하지만 약간 시시해 보이는 실리콘 케이스 투표 독려 글은 조회 수가 상당히 낮은 것을 볼 수 있다. 조회 수가 높으려면 글의 구성이 카페의 메인 콘텐츠를 포함하고 더불어 사람들의 주목을 끄는 단골 주제인 돈, 공포 관련 내용이 함께할 때 주목도가 높다는 것을 알 수 있다.

여기서 중요한 점, 당신이 새로 만들고자 하는 카페의 메인 콘텐츠가 아이폰 이라면 이런 아이폰 대형 카페에서 어떤 게시판의 어떤 게시글이 인기가 있는지 파악해보면 아주 쉽게 카페를 만들 수 있다.

이제 〈그림 3〉 'JH모바일' 카페에 가보자. 이 카페도 역시 메인 콘텐츠는 스마트폰이다. 〈그림 4〉의 게시글을 보자. 조회 수만 봐도 앞서 아사모 카페에 비해 상당히 낮다는 것을 알 수 있다. 조회 수에 대해 이해하는 것만으로도 카페의 3분의 2 이상을 아는 것과 같다. 조회 수는 카페 회원들의 관심을 나타내기 때문이다. 카페는 회원에 의해 움직인다. 회원이 100만 명이라도 회원 활동이 없는 카페는 소득이 발생하지 않는다. 게시판이 전부 판매 게시글로 가득하다.

아사모 카페는 1페이지를 채우는데 2시간 걸렸지만 이 카페는 하루가 넘어갔다. 판매 중심형 카페의 전형적인 모습이다. 회원 간 소통 없이 판매글만 있는데 조회 수가 높거나 댓글이 발생되기 힘든 구조다. 물론 이 카페는 오프라인 매장이 있는 스마트폰 대리점의 온라인 카페다. 판매중심형 카페는 원래 이런 모습이기 때문에 오프라인 매

〈그림 3〉 'JH모바일' 카페 대문

90496	수원 아이폰8 믿을수없는가격!	redpony20	14:56	3	0
90495	[KT][신,번,기] LG Q6 [★Y주니어19.8,순골든20=기변도 할부금0원][사은품최다구성][제주도여행권++HDTV+캐리어+전자렌지+카메라+네비+쿠쿠밥솥등+최다302종][추가이벤트:인터넷+TV개통시 현금58만원지급]	공구매니져	14:41	0	0
90494	[KT][신,번,기] 갤럭시온프라임 [★Y주니어19.8,순골든20=기변도 할부금0원][사은품최다구성][제주도여행권++HDTV+캐리어+전자렌지+카메라+네비+쿠쿠밥솥등+최다302종][추가이벤트:인터넷+TV개통시 현금58만원지급]	공구매니져	14:38	0	0
90493	학생폰 어르신폰 으로 인기많은 갤럭시와이드3 ! [포항 휴대폰 할인마트]	포항휴대폰할인마트	14:04	0	0
90492	[KT][신,번,기] 갤럭시A6 / 갤럭시A6+ Jean [★신제품특가/사은품대박][제주도여행권+다이슨청소기+PS4+HDTV+캐리어+전자렌지+카메라+네비+쿠쿠밥솥등+최다302종][추가이벤트:인터넷+TV개통시 현금58만원지급]	공구매니져	12:49	9	0
90491	[M모바일][6개월무약정폰] 갤럭시폴더2 / 와인스마트 / 와인3G [★3G표준요금제도 공짜0원][6개월유지시 위약금,할부금X][가입비,유심면제][최다302종=사은품증정][추가이벤트:인터넷+TV개통시 현금58만원지급]	공구매니져	12:02	1	0
90490	[에스원][SK망] 갤럭시폴더 [★안심12요금제=월13,200원청구][할부금없는공짜폰][가입비면제][빠른접수필수][선착순개통][추가이벤트:인터넷+TV개통시 현금58만원지급]	공구매니져	11:33	1	0
90489	갤럭시노트9 노트8 갤럭시s9 s9 현금구매최대할인	지용아빠	11:23	15	0
90488	[공유] 노트9 구매하였습니다~	지용아빠	02:16	20	0
90487	LG G7 ThinQ 이가격 실화?	redpony20	2018.09.10.	33	0
90486	아이폰7 출고가 인하, 지원금 상승	지용아빠	2018.09.10.	25	0
90485	금곡동 갤럭시S9 싼곳!	벵상바요	2018.09.10.	25	0

〈그림 4〉 'JH모바일' 카페 게시판

장이 없는 개인에게는 추천하지 않는 카페 형태다. 당신이라면 아사모 카페와 JH모바일 카페 중 어느 카페에 매일 가고 싶은가?

아사모 카페와 JH모바일 카페의 공통점을 살펴보자. 메인 콘텐츠가 '스마트폰'으로 같다. 수익 사업도 크게 다르지 않다. 스마트폰 공동구매나 판매, 스마트폰 액세서리 판매 등 말이다. 아사모는 전형적인 중개형 카페다. 운영자가 오프라인 매장이 없어도 온라인 카페만으로도 얼마든지 소득을 벌 수 있는 구조다. 이 두 카페가 다른 것은 바로 기획이 다른 것이다. 콘셉트가 다르다는 말이다. 앞서 영화배우 원빈과 내가 다른 이유에서 설명했다.

상업적인 것만 전면에 내세운다면 회원들의 반응을 기대할 수 없다. 스마트폰을 사더라도 어느 카페에서 살 것인가? 본질은 연대감이다. 아사모 카페는 아이폰이라는 메인 콘텐츠와 소통을 앞세운 콘셉트로 무장되어 있다. 똑같이 상업적 카페임에도 전혀 다른 양상이다.

아사모 카페에서는 아이폰이라는 주제로 회원들끼리 소통하며 정보를 공유하고 있다. 반응은 앞서 살펴본 바와 같이 폭발적이다. 이 카페에 가입하면 약한 연대감을 가진 회원도 금방 강한 연대감과 소속감을 가진 회원으로 바뀐다. 팬이 생기고 팬덤이 두터워지면서 제품이나 사람을 신뢰하고 사랑하는 마음이 더욱더 커진다. 반면 JH모바일 카페에서는 회원 간 소통을 찾아볼 수 없다. 판매자와 소비자만 덩그러니 남아 있다. 연대감이나 소속감은 생길 리 없다.

5단계_이름 선정

이름 선정의 단계까지 왔다면 이제 다 왔다. 카페의 제목 짓기에서 가장 중요한 것은 '이 카페가 대체 무엇을 하는 카페인지 제목을 통해서 알 수 있느냐'다. 나는 미사모라는 카페를 운영하고 있다. 미사모라는 단어만 듣고서는 이 카페가 미사 강변 사람들의 모임 카페인지, 미국을 사랑하는 사람들의 모임 카페인지 알 수 없다. '미사모-미래를 준비하는 1인 사업가들의 모임'이라고 하면 '아, 사업가들의 모임이구나'라고 대략 알 수 있다.

'웅상 이야기'라는 카페가 있다. 경남 동부 웅상이라는 지역에 사는 사람들이 모인 카페다. '웅상 이야기'라는 제목에서 알 수 있듯 그냥 지역 이름만 넣었을 뿐인데 무엇을 하는 카페인지 명확하다. 지역 커뮤니티는 그래서 제목 짓기가 수월한 편이다. 이 밖에도 '안산 시흥 맘 모여라' '일산 아지매' '수원맘 모여라' 등 눈에 잘 들어오고 간결한 이름들이 지역 맘카페 이름의 주를 이룬다.

'짱구 대디' 카페 같은 경우는 짱구라는 만화에 등장하는 짱구 아빠를 이야기하는지 모호하다. 물론 유명한 카페이기 때문에 굳이 설명할 필요는 없다고 생각할지도 모르겠다. 하지만 보다 많은 신규 회원의 유입을 원한다면 좀더 친절할 필요는 있다. 참고로 '짱구대디' 카페는 패션 아이템을 방송하는 카페다.

양질 전환을 통해 제목 짓기를 해결할 수도 있다. 양이 많아야 그 중에서 작품이 나온다. 제목 50개를 무작위로 노트에 써보면 좋다. 자신의 카페가 위치하는 분야에서 상위에 랭크된 카페 명이나 게시판 명

혹은 타 분야에서 상위 랭크된 카페 명이나 게시판 명을 참고하여 벤치마킹하는 것도 좋다. 유명 서적이나 방송 카피, 홈쇼핑 카피, 신문 카피도 좋다. 단 유행에 따라 사라지는 이름이나 저속한 이름은 삼간다.

카페 운영자의 이름도 마찬가지다. 딱히 쓸 말이 없다면 ○○소장, ○○대장, ○○대표, ○○박사, ○○매니저, ○○운영자, 실명 등으로 작명해도 나쁘지 않다. 운영자 닉네임이든 카페 제목이든, 그 이름이 주는 무게감이 있고 이 이름 자체만으로도 개인 브랜드를 세울 수 있기 때문에 되도록 남을 비하하거나 희화화하는 표현보다는 점잖은 이름이 낫다.

카페 분야나 주제, 제목을 지을 때 참고할 만한 핵심적인 질문 몇 가지를 소개하니 참고하기 바란다.

- 나의 강점 또는 무기는 무엇인가?
- 내가 특별히 잘하는 일은 무엇인가?
- 내가 살아오면서 많이 반복한 일은 무엇인가?
- 나를 설레게 하는 일은 무엇인가?
- 10년 전의 나로 돌아간다면 나에게 무엇이라 말해주겠는가?
- 1년 후 나는 무엇을 하고 있을 것 같은가?
- 어떤 아이템 또는 주제로 창업하고 싶은가?
- 단 한 명을 위해 카페를 만든다면 그 단 한 명은 누구인가?
- 아무 제약이 없다면 반드시 하고 싶은 단 한 가지 일은 무엇인가?

운영자가
유능하다

카페 운영자는 우유부단하면 안 된다. 이는 모든 온라인 채널은 물론 사업에도 적용되는 원칙이다. 카페에서 발생하는 일은 카페 회원 모두가 실시간으로 보고 있다. 사소하든 심각하든 카페 내에 어떤 문제가 발생하면 카페 운영자는 이슈를 빨리 덮어버리거나 관련 당사자를 제재해서 문제를 빨리 해결해야 한다. 여기서 주의할 것은 어느 누구의 편도 들어선 안 된다는 것이다. 카페가 두세 쪽으로 갈라질 수 있다. 카페 운영자는 리더다. 운영자는 카페에서 가장 뛰어난 사람이 아니라 선택과 결정을 해야 하는 사람이다. 이를 기본적으로 염두에 두고 온라인 플랫폼 운영자와 관련해서 다섯 가지 핵심 지침을 살펴보자.

큰돈 버는 운영자의 '사업가 마인드'

확률과 함수라는 단어가 있다. 확률은 0퍼센트에서 100퍼센트까지 존재한다. 당신이 사업을 시작했다면 성공 확률이 얼마인지는 신만이 알 수 있다. 확률은 숫자 놀음일 뿐이다. 성공하면 100퍼센트, 실패하면 0퍼센트다. 함수는 1:1로 대응되는 것을 말한다. 정해져 있지 않은 확률과는 다르게 정해진 개념이다. 예를 들어 당신은 지금 콜라가 먹고 싶다. 마침 길을 가다 자판기를 발견했는데 콜라 가격이 1,000원이었다. 그럼 당신은 어떻게 콜라를 먹을 수 있을까? 자판기에 적혀 있듯이 1,000원과 콜라를 바꾸면 된다. 이 상황에서 돈 1,000원과 콜라는 1:1로 대응되는 가치다.

우리는 항상 확정된 수익을 바란다. 즉 소득이나 사업 성공에 있어서 함수적 사고방식을 갖고 있다. 그러나 함수적인 것은 대개 가치가 없다. 확률적인 것은 내 자산을 왕창 까먹기도 하지만 2~3배 이상 불려주기도 한다. 그래서 함수보다는 확률이 매력이 있다. 어차피 사업은 확률이다. 사람들은 투자나 사업은 확률적(도박)으로 하면서 여기에서 발생되는 소득은 함수적(확정)이길 바란다. 투자한 시간과 비용에 비해 과도하고 확정적인(함수적인) 소득을 바란다는 것이다. 여기서 실패가 있고 고통이 온다.

사업은 성공 확률을 높이는 과정이다. 성공이나 실패처럼 어떤 결과가 사업이 아니라는 이야기다. 큰돈 들어가는 일과 고정비용 들어가는 일은 하지 마라. 크게 망하면 성장의 길이 막혀버린다. '하이 리스크 하이 리턴'은 옛말이다. 이 책에서는 '노 리스크 하이 리턴'을 이야기한다. 성공 확률을 높이는 행동을 해야 한다. 시간이 지날수록 0퍼센트였던 성공 확률이 100퍼센트에 가까워짐을 경험할 것이다. 일단 이 함수적 사고와 확률적 사고를 사업적 측면에서 이해했다면 그것으로 충분하다.

누구나 당당한 운영자가 되는 1:9 법칙

주제와 콘텐츠에 대해 앞에서 이미 다뤘다. 사실 문제는 카페의 주제나 콘텐츠보다 운영자에게 있다. '나는 전문가가 아니야' '나는 사람들의 리더로서 카페를 운영할 자질이 없어' '나는 좋은 아이디어가 없어' '아무도 나를 지지하지 않을 거야' 따위의 생각들이 카페 주제는 물론 콘텐츠 기획에 대한 생각조차 못하게 만든다.

나는 '1:9 법칙'을 만들고 주장하는 사람이다. '1:9 법칙'은 '100명의 사람 중 90명이 싫어해도 나머지 10명이 좋아하면 성공이 확실시되는 사업 아이템'이라는 의미다. 앞에서 언급한 시장의 세분화와 비슷하다.

카페 주제를 예로 들어보자. 국내 스마트폰 시장은 애플과 삼성이 양분하고 있고 샤오미, 화웨이, 소니 등이 극소수의 시장을 형성하고 있다. 여기서 좋은 기획이 나온다. 누구나 아는 아이폰이나 갤럭시 말고 소수 시장인 샤오미, 화웨이, 소니 혹은 이보다 더 타깃을 좁혀 마니아 시장을 선점하거나 발전시키는 것이다. 남들이 다하는 시장은 먹을 게 없다. 후발 주자로 용의 꼬리가 되느니 뱀의 머리가 낫다. 온라인 시장에서 마니아와 소수라는 단어만큼 매력적인 단어도 없다.

돈을 기준으로 시장을 세분화할 때 금액이 높아질수록 이용하는 사람의 숫자가 적어진다. 100만 원짜리 캐나다구스 패딩이나 200만 원짜리 구찌 청바지를 일반적으로 많이 입지는 않는다. 그런데 구매력 있는 소수만 있을 것 같은 시장도 진입해보면 최소 수만 명에서 수십만 명 이상은 존재한다. 실제 소유자도 있지만 관심을 갖는 사람도 그에 못지않게 많기 때문이다. 갤럭시 사용자는 1,000만 명이다. 그중 플랫폼에 1만 명만 모아도 상당한 소득이 나온다. 플랫폼 사업을 고민하는 시간에 시장을 세분화하는 것이 더 생산적이다.

모두에게 지지받는 운영자, 모두에게 사랑받는 지지자는 세상에 없다. 아무리 인기 있는 대통령이라도 내놓는 정책마다 지지와 환호를 받기는 힘들다. 수백만 명에 달하는 정치적 반대세력의 엄청난 비판과 비난을 견뎌내야 한다. 당신이라고 예외일 수는 없고 카페 운영도 이와 같다.

운영자의 칼, '운영 규칙'

회원들을 제어하고 카페의 모든 권력을 쥐고 있는 운영자의 칼과 방패와도 같은 것이 운영 규칙이다. 운영 규칙을 마련하는 것은 간단하다. 대형 카페나 대표 카페 두세 곳을 선정하여 운영 규칙 자료를 취합해서 자신의 카페에 맞게 단어나 표현 정도만 바꿔서 운영 규칙을 만들어내면 된다. 운영 규칙을 벤치마킹하면 쉽고 간단할 뿐 아니라 검증된 자료라는 이점도 있다.

운영 규칙은 길고 많을수록 유리하다. 특히 맘카페들의 운영 규칙이 길다. 맘카페에서는 순수한 친목과 정보 교류 외에도 업체와 개인들의 상업적인 홍보의 무대이기도 하고 회원 간 거래할 수 있는 중고 장터 기능, 나눔, 공동구매 등 돈과 관련된 일들이 많이 벌어지는 곳이다. 맘카페 내에서 회원 간 혹은 업체와 회원 간 돈이 오고 가는 일이 빈번하므로 문제의 소지가 다분하다. 돈에 관련된 문제가 발생하면 당사자는 물론 카페 운영자도 타격을 입을 수 있기 때문에 운영 규칙은 길고 세세할수록 좋다. 참고로 운영규정의 길이와 세세함의 강도는 강의 및 컨설팅형 카페가 가장 느슨하고 그다음이 판매 중심형 카페다. 맘카페 등 중개 중심형 카페가 가장 엄격하다.

카페 관리시 요주의, 회원 제재와 친목질

수많은 시간과 노력으로 키워놓은 카페를 한방에 날려버리는 것이 바로 친목질이다. 이는 '회원 간 친목질'과 '운영자와 회원 간 친목질'로 나눌 수 있는데, 두 가지 모두 절대적으로 피해야 할 상황이다. 여기서 말하는 친목질은 친목과는 다르다. 친목질이 어떤 것인지 어떤 결과를 초래하는지 잠시 살펴보자.

언제부턴가 카페 내에서 자신들끼리 반말하고 호출하고 낄낄대고 욕하고 노는 모습이 포착된다. 카페에서 어느 정도 활동하고 대화하다 보니 친한 그룹이 생겨난 것이다. 자기들끼리 친한 모습에 새로 가입한 회원들은 그 관계에 끼지 못하고 눈팅만 하는 등 적응하지 못한다. 내 카페가 아닌 다른 사람이 주인인 것 같은 느낌이 들어 소속감을 느끼기 어려워진다. 결국 특정 친목 그룹이나 파벌이 생기고 필연적으로 대립이 발생한다. 이 경우는 카페 운영자에게 100퍼센트 책임이 있다. 운영 규칙을 통해 회원 간 반말은 절대 금하고 회원을 게시글로 호출하거나("누구누구 어딨냐 나와라 오바" 등의 게시글을 통해 타 회원을 부르거나 소환하는 것은 절대 금지시켜야 한다) 카페 운영 규칙을 어겼는데 카페 운영자가 제재하지 않는다면 해당 회원의 힘은 날로 커지게 마련이다.

실제 이런 친목 그룹이나 네임드(유명한 회원)는 카페 공지 사항을 무시할 가능성이 크다. 이런 상황이 발생되면 운영자는 권력에 치명상을 입는다. 카페 내에서 회원 간 공과 사의 구분이 약해지고 이에 적응 못하는 회원은 떠나서 힘들게 키운 카페가 망하는 수순이 된다. 운영자는 누가 먼저 시비를 걸었든 일단 문제가 발생했다면 똑같이 제재해야 한다. 그리고 자격 없는 회원이 카페 내에서 개인적으로 주최하는 모임은 공식적으로 허용해서는 안 된다. 특히 남녀의 번개모임이나 정모는 운영 규칙으로 금지해야 한다. 문제가 발생되면 전부 카페 탓, 운영자 탓이 되기 십상이다.

사람이 관련된 일은 항상 일이 커진다. 카페에서 친해져서 사적으로 모이는 것까지 제재하지는 못하더라도 공식적으로 이런 규정들을 마련해놓으면 책임소재가 명확해진다. 빠져나갈 구멍을 만들라는 취지에서가 아니다. 카페와 카페 회원을 보호할 의무가 운영자에게 있다는 취지에서 하는 말이다.

운영자는 콘텐츠 생산자보다는 수호자에 더 가깝다. 특히 90퍼센트 이상의 카페가 중개 중심형 카페인데 이 형태의 카페에서 운영자는 수호자, 관리자의 역할을 잘 해내야 반영구적 고소득이 가능하다.

지름길처럼 보이는 독약, 어뷰징 작업

어뷰징은 오용, 남용, 폐해를 뜻한다. 대개 온라인 채널에서 허용되지 않는 프로그램의 사용이나 정책에 어긋난 행동 등을 통틀어 어뷰징 작업이라고 한다. 네이버 검색만으로도 수많은 어뷰징 업체나 중개 사이트를 찾아볼 수 있다. 결론적으로 나는 어뷰징 작업을 추천하지 않는다. 네이버 정책에 어긋나는 행동을 하지 않고도 얼마든지 카페나 블로그를 만들고 키울 수 있기 때문이다.

어뷰징의 대표적인 사례는 앞서도 잠시 다뤘지만 회원 수 늘리기(페이스북 인스타그램의 경우 팔로워, 좋아요 늘리기), 자동 글쓰기, 자동 댓글 쓰기, 조회 수 늘리기 등이다. IP(Internet Protocol) 개념만 제대로 이해해도 이런 어뷰징 작업은 하지 않아도 되고 할 필요도 없다는 것을 알게 된다.

보통은 집이나 사무실에서 컴퓨터 작업을 한다. 예를 들어 집이라면 대개 IP는 한 개다. 가정집에서 LG와 SK 등 두 군데 이상 인터넷 회선에 가입하지 않는다. SK브로드밴드 한 곳에 가입하고 허브나 와이파이 연결을 통해 많게는 3~4개의 컴퓨터로 인터넷을 사용한다.

예를 들어 한 가정의 가족구성원이 부모와 자녀 이렇게 3명이라고 하자. 네이버 기준 휴대전화 번호당 3개의 ID를 만드는 것이 가능하다. 그럼 3명이니까 총 9개의 ID가 한 IP에서 활동하게 된다. 이 정도는 문제가 되지 않는다. 그러나 하나의 IP에서 수십 개의 ID가 조직적으로 활동한다면 네이버 알고리즘상 제재를 당할 수 있다. 소위 ID 지수가 하락하고 카페나 블로그 지수도 덩달아 하락하게 된다.

여기까지 이해됐다면 이제 마케팅 대행업체의 예를 들어서 회원 수 늘리기 작업에 대해 설명해보겠다. 네이버 카페 기준 10만~20만 원이면 회원 수 1,000명을 늘려준다는 곳이 많다. 회원 수 1,000명이 가입하려면 몇 개의 가정(집)이 필요할까? 만약 마케팅 대행업체가 IP 수백 개를 가지고 있어서 1,000개의 ID를 수백 개의 IP로 나눠서 작업을 해준다면 나쁘지 않을 수 있다. 그러나 작업비용이 10만 원에서 20만 원이라면 IP를 나눠서 작업해준다는 생각은 버리는 것이 좋다. 그 정도 작업 비용으로는 인건비도 나오지 않는다. 그리고 깨끗한 ID가 아니라 해킹된 ID거나 유령 ID등 구매 전환이나 실제 활동성 자체를 기대할 수 없는 ID라고 생각하면 100퍼센트 맞다.

ID 1,000개가 고작 몇 개의 IP에서 가입하는데 당연히 해당 카페 지수는 하락할 것이 뻔하다. 카페 지수가 하락하면 상위 노출은 물론 카페 글 제목으로 검색해도 노출되지 않을 수 있으니 주의해야 한다.

IP와 ID에 대해 간략하게 설명했다. 대개 온라인 사업에 뛰어든 사람들은 자신의 사업을 노출시키고 회원 수의 증가가 구매 전환과 소득을 발생시키는 절대적인 요소라고 착각한다. 콘텐츠가 답이다. 소위 거지 같은 아이템을 판매하고 있는데 광고비 내고 엄청나게 노출시켜봤자 클릭 수만 올라가고 판매량은 0을 보게 될 것이다. 순서가 틀린 것이다. 결국 튜닝 끝에 순정이다. 본질을 망각하면 형식에 치우치게 된다. 계속 강조해온 부분이다. 처음부터 올바른 방향을 설정하면 처음에는 기겠지만 곧 뛰고 날게 된다. 멋지고 당당한 온라인 플랫폼 사업가라면 자신을 믿고 한 곳만 파면 된다. 조바심 낼 필요 없다.

초격차 영업법

이정식 지음 | 14,300원

장기불황 · 저성장 · 서든데스 시대, 경쟁자가 감히 따라잡을 수 없는 초격차 기업들만의 현장 전략!

'초격차 영업 4P모델'은 저성장은 물론 역성장시대에도 매출을 올릴 수 있는 영업 전략 모델이다. 이는 영업 프레임워크를 위한 '전략 영업'과 이런 전략을 실행에 옮기는 '실행 영업', 그리고 효율과 생산성을 만들어 낼 수 있는 '프로세스 영업', 마지막으로 단기적 성과는 물론 장기적 성과를 낼 수 있는 '성과 영업'을 말한다. 그리고 이 책에서는 이를 쉽게 이해하고 자신의 영업 상황에 적용 가능하도록 설명한 것을 담고 있다.

생초보, SNS마케팅 하루 만에 끝장내기

서영주, 서승미 지음 / 15,000원

지금은 SNS 마케팅으로 돈 버는 시대
월 1000만 원 수익 내는 SNS 마케팅 사용설명서

자본, 인맥, 스펙이 남보다 특출나지 않아도 성공하는 시대이다. 성공 비결은 바로 SNS 마케팅에 있다. 저자 서영주는 13년차 블로거이자 여러 프로그램을 잘 다루어 PC로 하는 일에 능숙한 마케팅 전문가이다. 저자 서승미는 오랫동안 SNS교육과 코칭을 해온 SNS 마케팅 강사이자 뭐든 모바일로 해결하는 모바일 전문가이다. 이 책은 하루 만에 SNS 마케팅을 끝낼 수 있도록 중요 내용만 추려, 'SNS로 수익을 창출한 성공 사례' 'SNS 마케팅의 핵심 비결' 'SNS별 마케팅의 특징 및 요령'으로 구성하였다. SNS 생초보라도 인스타그램, 페이스북, 네이버 블로그를 하루 만에 끝낼 수 있도록 쉽게 썼다.